繁盛する飲食店をつくる魔法の仕組み

土門大幸
自然食&ローフード　ロハス創設者&ローフードシェフ

はじめに

今そこにある外食産業の危機

皆さんはご存知でしょうか？　飲食店は今まさに苦境に立たされているということを。それを裏付けるニュースも報じられています。

「飲食店の倒産・休廃業、リーマンショックや東日本大震災を上回る　2018年度」

これは6月10日に発表された帝国データバンクの調査結果です。

2018年4月から2019年3月までの1年間に、倒産・休廃業、解散した飲食店が前年度比で7・1%も増え、1180件にのぼりました。

その数は、リーマンショックによる金融危機に見舞われた2008年度の1113件も、東日本大震災が発生した2011年度の1134件をも上回っており、2000年度以降では最多の数だそうです。

日本中を揺るがす出来事があった年以上に、飲食店の倒産が増えているという事実に驚きを隠せません。きっと、それを知った方は誰もが同じことを思うはず。

さらに、金融庁が発表した年金破綻の問題が起こりました。それを受けて、私たち国民の意識下には、「なるべく節約して老後のためのお金を貯蓄しないといけない」という思いが生まれ、外食産業はさらなる冷え込みが予想されています。無意識的な節約モードに入った時、真っ先に削られるものの一つが外食に費やすお金でしょう。

まさに窮地に立たされていると言える外食産業。しかし、私は一見すると向かい風しか吹いていない今こそ、飲食店経営は勝機があると考えています。

とはいえ、すべての飲食店がそうであると断言はできません。ですが、私が現在主戦場としているジャンルは、その可能性が大いに高いと言えるでしょう。

それは、ヴィーガン（プラントベース）、オーガニック、ヘルシーをテーマにした飲食店です。世間的には2019年現在、まだまだ「ニッチ」なジャンルです。私が創業した「自然食&ローフード ロハス」もそこに含まれます。

どうして、このニッチなジャンルの飲食店に勝機が残されているのかと言えば、どのジャンルも「食べた人の健康に寄与する」ことをミッションとしているからに他なりません。

平均寿命ではなく健康寿命

皆さんは「平均寿命」についてはよく耳にされていると思いますが、現在重視されているのは「健康寿命」であることはご存知ですか？

「健康寿命」とは、健康上の問題で日常生活が制限されることなく生活できる期間のことを指します。つまり、平均寿命と健康寿命の間には差が生じており、その差こそ「日常生活が制限される生活＝寝たきりの時間」になるのです。

私たち日本人の平均寿命は、昔と比べて延びていることは間違いありません。それは医療技術の進歩や新薬の開発など不断の努力がもたらしたものです。しかし、実際のところ健康寿命は20年前と比べてほとんど変化はないのです。

とどのつまり、寝たきりの時間だけが増えているという現状に直面しているのです。そんな時代のさなかに私たちができること、それはできるかぎり自分たちの努力によって健康寿命を延ばすということに尽きるのです。

健康寿命が長くなるということは、私たちの体は誰かに頼ることなく動かすことができるということ。すなわち働くことができる。いくつになっても現役で働き続けられるならば、老後の資金に対する不安も病気に対する悩みも、少しは解消されていくのではないでしょうか。

そこで、健康へ寄与するニッチなフードジャンルの外食産業の需要は、これからピークを迎えるであろうと私は予測しています。東京オリンピックでは、世界中からベジタリアンの方が来日されることもあり、現時点でも対応が求められている飲食店は多いですが、真に需要が高まっていくのはそれ以降ではないでしょうか。

「私たちは食べたものでできている」という言葉が浸透した現在、将来のために誰もが食事面から気をつかうような時代もすぐそこまで来ているのです。そんな時こそ、私たち飲食店を営む人間が必要とされるのではないでしょうか。

だからこそ、「ニッチなフードジャンルの飲食店には勝機がある」と断言できるのです。

ニッチなジャンルを増やすため

私は、札幌の地で2007年にローフード専門店「ローフードカフェ ロハス」をオープンさせ、12年の月日が流れました(途中で移転リニューアルを行い、現在は「自然食&ローフード ロハス」という店名)。

お店をオープンさせたあと、私はさらに知識を身につける必要を感じ、アメリカ・カリフォルニアにあるローフード専門学校で学び、ローフードシェフ・インストラクターの資格を取得しました。

その学校の創設者であり、私の恩師であるシェリー・ソリア先生が、授業の中で話してくれた言葉が今も印象に残っています。

「今日ここには世界各国からローフードシェフを目指す人たちが集まっています。皆さんにとって一番大切なこと、それはここに集まっているすべての人が、〝ローフードを通して健康で幸せになりたい〟という同じ目的を持っているということなのです」

私はこの言葉に感動し、日本で同じように〝健康で幸せになりたい〟という目的を持っている皆さんの力になりたいと思うようになり、今までやってこれたと言っても過言ではありません。

お店のオープンから12年が経過し、私はあの時にシェリー先生から受け取った想いのバトンを何らかの形で誰かに渡したいと考えるようになっていました。そんな時に本書の構想が浮かんできたのです。

それを渡す相手は、「今からニッチなフードジャンルの飲食店をはじめたいと考えている人」です。これまでもローフードのレシピ本を出版してきたこともあり、何も知らない方々にローフードのことを知ってもらい、自分で作っていただくということはしてきました。

次なるフェーズとして、ローフードに限らず人生をニッチなフードジャンルの飲食店に捧げようとしている人たちに貢献したいと思ったのです。

私が歩んできた飲食店経営者としての人生、そこで起こった出来事を伝えながら、これからこの世界に飛び込もうとしている方にノウハウを伝えたい。

ニッチなフードジャンルに挑む人が、少しでも長くお店を続けてほしい。

そのためにできるアドバイスを詰め込んだ一冊を作りたい。

そうして完成したものが本書です。日本中に一軒でも多くのニッチなフードジャンルのお店が増えることが、私たち日本人の健康を支えることになるのです。それはおそらく、ニッチなフードジャンルのお店を経営するすべての人が抱いている想いではないでしょうか。

そして、私が経験してきたことは、何もニッチなフードジャンルにのみ特化しているわけではありません。どんなジャンルの飲食店であっても応用可能なメソッドを、長年に渡って身につけてまいりました。それらについても、惜しみなく皆さんにお伝えしていきます。すべては、「持続可能（サステナブル）」なお店を一軒でも増やしていくために。

来たるべき未来に立ち向かうため、私たちは今日もお店を開店しています。そして、お客さまに「いらっしゃいませ！」と言葉を投げかけるのです。

CONTENTS

飲食店経営者の皆さん、
これから飲食店を
はじめようとしている皆さん
繁盛するお店をつくる仕組みを
お伝えします！
ニッチでも繁盛する
フードビジネスの
コンサルタント
HIRO

第1章

フードビジネスを始める人を待ち受ける7つの落とし穴

客として飲食店を利用するのと、飲食店を経営するのとでは、当然ながらその間には大きな違いがあります。しかし、それは実際にやってみないとわからないもの。

飲食店をはじめた時は、友人関係を中心に、意外と多くのお客さまが来てくださることで、勘違いしてしまうことが多々あります。

そこにはさまざまな「落とし穴」が経営者の行く手に待ちかまえているのに、「自分の夢を叶えることができる」と間違った確信を抱いてしまうのです。

飲食店の経営者がオープン直後にしばしばはまってしまう、その「落とし穴」の正体とはいったいどういうものなのでしょうか？

01

「大丈夫。きっとすべてがうまくいく」そのポジティブ思考が落とし穴に!?

この本を手に取ってくださったあなたは、今どのような状況を迎えているのでしょうか？

「自分がつくったごはんで多くの人を健康に、幸せにしたい」

そのような素晴らしい夢を抱き、飲食店オープンの構想を描いている途上でしょうか？

あるいは、既にお店をオープンされていて、これからどうやって集客をしていこうか頭を悩ませている方もいらっしゃるかもしれません。

大半の起業に共通することではありますが、とりわけ飲食店をはじめる場合は、〝これから夢を実現していくんだ〟という高揚感とともに多くの不安がつきまとうものです。

さらに、夢を追いかけるあなたを陥れる「落とし穴」も数多く存在しています。それらの穴にはまってしまったことに気づくには、早い人だとお店をオープンしてから2ヵ月とかからない場合もあります。

実を言えば、私自身がそうでした。

札幌に「ローフードカフェ LOHAS（ロハス）」をオープンした直後は、友人や以前の仕事関係の方々が来てくださり、お祝いのお花もたくさん届き、とても賑わいを見せました。私には、応援してくださる方がこんなにもたくさんいてくださる。「幸先良いスタートだ。これはきっといけるぞ!」と思ったものです。

それは長続きしませんでした。

2ヵ月もすると、お店にお客さまが来なくなったのです……。その事態はまったく想定していませんでした。

しかし、今の時点から当時を振り返れば、それもそのはず。集客の仕方、つまり「マーケティング」をほとんど考えずにお店を始めたのです。

新規のお客さまが来てくださる施策や対策も、リピートしてもらうための方法やお店の支持者（ファン）をつくるための方法も、何ひとつ考えることなく走り出していました。これは、コンパスすら持たずに大海原に船を発進させたようなもので、当然ながらすぐに海路に迷うことになったのです。

お店を開こう。長年の夢を現実のものにしよう。思い描いていた理想の暮らしをおくろう。多くの人の役に立つことをしよう。これからは自分のやりたいことをやって生きていくんだ。

そうやって前だけを向いて希望に満ちている時期というのは、私に限らずですが、すべての物事をポジティブ思考で考えがちになる傾向があります。

●立地が多少悪くても、今は地図アプリも充実しているし、探し出して来店してくださるだろう。

●素晴らしい食材を使っておいしい料理を提供しているのだから、お客さまにもきっと伝わるはずだ。

●一度私の料理を味わっていただければ、必ずやリピーターとしてまた来てくださるに違いない!

●内装も使用する素材からこだわり、店内の雰囲気や居心地の良さについても、満足していただけるものになっている。

ざっと列挙してみるとこのような感じでしょうか。開店前の高揚感は、すべてがうまくいくように錯覚させ、ほんの数ヶ月やそこらでお客さまが来なくなることなんて想像すらさせません。

新しいことを始めるのですから、ポジティブな思考はもちろん必要です。それがなければスタートラインにすら立てないでしょう。ですが、「すべてがうまくいくと思って走り出してしまう」こと自体が、最初の落とし穴になり得るということを忘れないでください。

お店が軌道に乗るのは、数ある落とし穴にはまらないだけの準備をしてこそなのです。

お店を開くのが少し怖くなりましたか？　でも、準備すべきことをしっかりしてさえいれば、必ずお店はうまくいきます。常に新規のお客さまとリピートのお客さまが来店し、たくさんの人にあなたの想いを届けられることでしょう。夢に描いたとおりのお店は実現可能なのです！

ちなみに、落とし穴にはまってしまった私のお店は、リニューアルオープンから

1年後にはそこから脱け出し、11年目を迎えた今に至るまで私が開業前に想像すらしていなかった新たな展開をもたらし続けてくれています。

本章では、実際にオープン2ヶ月後にお客さまが来なくなった私が、その原因を徹底的に分析し、起業したばかりの人がはまってしまいがちな「落とし穴」についてお伝えします。

一体、夢を追いかける私たちの前にはどんな落とし穴が待ちかまえているのでしょうか。それでは、さっそく紹介していきましょう。

数ある落とし穴にはまらない準備をしよう 準備をしっかりすれば必ずお店はうまくいく

02

落とし穴1

メンタルの問題

MENTAL

「好き」を仕事にしたい、
自分の夢を実現したい。
それなのに
はじめの一歩が
なかなか踏み出せない。

飲食店を経営したいと決意した動機は、その経営者の数だけあります。子供の頃からの夢だったという人もいれば、飲食業に携わった結果、独立して自分の店を持ったという人もいるでしょう。あるいは、実家が飲食店を経営していて、ご両親の後を継いだという人もいるでしょう。

そして、ヘルシーなフードジャンルのオーナーに多いのですが、まったく異なる業種の仕事でハードワークがたたって体を壊してしまい、それを食事で改善できたことがきっかけとなって、自分自身もお店を持ちたいと思うようになった人など。

ローフードやマクロビオティック、オーガニックやヴィーガンなど、自分を救ってくれたそのヘルシーな食事をもっと多くの人に食べてもらいたい。それによって、心も体も今以上に元気になってもらいたい。それは私自身もお店をはじめる動機として芽生えたものの一つです。

しかし、これは飲食業に限ったことではありませんが、ビジネスを始めるときはメンタル的な備えができていないと、かなり高い確率で「失敗」という結末を迎えることになります。

「うまくいかないかもしれない」
「お客さまが来てくださらないかもしれない」

このようなマイナス思考はもちろんのこと、「これがダメだったら他の仕事をすればいいだけ」といった悪い意味でのポジティブ思考であっても、起業の覚悟ができていない証なのです。

まずは、自分の胸に「起業に対してどれだけの覚悟ができているのか」と聞くことからはじめてみてください。

「自分にはまだ覚悟ができていない」と感じたあなたは、冷静な分析ができていると言えるでしょう。だからといって、お店を諦めなくてはいけないかと言えばそうではありません。覚悟とは、どこかのタイミングで向こうからやってくるものではなく、自分から進んで獲得するものなのです。

だからこそ、「起業を通じて叶えたい夢や成し遂げたいことのリスト」をまずは紙に書き出してみるといいでしょう。そして、パソコンやスマートフォンの文書データとして残すのではなく、手書きで形として残すことが望ましいですね。まずは、この書き出す行為というものによって覚悟が決まってきます。

さらにその紙を携帯の待ち受け画面に設定したり、毎日見る場所に貼っておいたりすることをおすすめします。書き出した夢や成就させたい目標を、なんとしても実現させたいと心から思うことができるように、自分で自分を鼓舞していくのです。

これを原始的と思いますか？　ここにはきちんとした理由があるのです。

繰り返し目にすることで意識にとどめていく。それは自己暗示にかけるということでもあります。メンタルコントロールを自身の日常生活の中で行っていくことによって、結果的に人間誰しもに備わっているマイナス思考や悪い意味でのポジティブ思考を押さえつけることができるのです。

今では多くの人が共通認識として持っている通り、飲食業という業種は体力面においてもメンタル面においてもとても厳しいものです。起業前の高揚感によって想い描くのは理想的な部分が多いかもしれませんが、そのようなきれいな仕事ばかりではありません。

期間限定ならともかく、それをあなたの生涯の仕事として続けていくというのであれば、次々にやってくるタフな局面を乗り越えていく必要があるのです。そして、その舵を取るのはあなたしかいないのです。それゆえ強い覚悟がなければ続けていくのは難しいということはおわかりいただけると思います。

一方で、今の時代に根性論等を持ち出して語ることはナンセンスでしかありません。それは私も十分に理解していますが、飲食店経営においては時にそういう側面が出てきてしまうことも間違いのないことなのです。

自分の胸に聞いてみよう
「起業に対する覚悟は本当にある？」

03 落とし穴2 ビジョンの問題 VISION

どこに向かって
がんばればいいの?
目指しているものが見えなくなって
起業して早々に迷子になる。

この本を手に取っていただいたということは、あなたは一般的な飲食業とは異なる、まだこの日本においては街に数店舗もない、ニッチなジャンルでお店を始めようと計画していらっしゃるのではないでしょうか?

あなたが進もうとしているジャンルは、**ローフード**であったりベジタリアンであったり、あるいは**マクロビオティック**やヴィーガン、オーガニックといったものかもしれません。

あるいは、既存のフレンチやイタリアンをベースに、そこにベジタリアンアレンジを施したメニューを中心にお考えなのかもしれません。


確実に言えることは、現在の日本の外食産業では、欧米諸国と異なり、先に列挙したフードジャンルはまだまだニッチなマーケットだということ。日本の総人口に占めるベジタリアンの割合は、諸外国と比べても多いわけではありません。

確かに、近年高まる健康志向によって、外食でもヘルシーなものを求める人々は増えています。その潜在的なニーズを満たそう、そこからさらに広げていこうと、ヘルシーな特定のジャンルに特化したコンセプトで店舗構想を練ってしまう人も多いことでしょう。


しかし、そうなるとお店をスタートさせて早々にそのコンセプトが不十分であったことに気づくことになるのです。

ただ単に食のジャンルを絞っただけでは、お店の方向性、集客や宣伝の方法に必ず迷いが生じてきます。やる気や想いの強さがあなたにあっても、それをエネルギーに推進していくための「ビジョン」というものは見えてはこないのです。

これはマーケティングの基本になるのですが、「誰に」対して「何を伝えたいのか」ということ。そして、将来的に「どのような規模」でお店を展開していきたいのかという目標。

それらをお店の構想段階から明確にしておく必要があるのです。そうすることで、ビジョンはおのずと見えるようになっていきますし、それはあなたの中で確かなものへと変わっていき、最終的にはお店を続けていく確信を持てるようになるでしょう。

ニッチなジャンルの世界で勝負をしたいと考え、そこでのビジョンを定めていく方法として私がおすすめしたいのは、「誰のどんな悩みを解決する」お店にするかを考えることです。

これが明確になっていくと、ニッチなジャンルでお店を開く意味がより強まっていくのです。伝えたいメッセージが定まれば、おのずと集客や宣伝も迷うことなく進めていくことができます。

＊ローフード…「Ｒａｗ＝生の」「Ｆｏｏｄ＝食べ物」のこと。加熱は48℃未満を原則とし、生で食べることによって植物の酵素や栄養素を効果的に摂れると言われています。健康や美容・ダイエットにも効果が出ることで、海外でもセレブを中心にブームを巻き起こしました。

＊マクロビオティック…「Ｍａｃｒｏ＝大きな」「Ｂｉｏ＝生命」「Ｔｉｃ＝術、学」の3つの言葉から成り立ち、桜沢如一が提唱した食事法のこと。〝大きな視野で生命を見ること〟を重視し、「身土不二」「一物全体」そして「陰陽調和」を基本的な考え方としています。

＊ヴィーガン…多様なカテゴリーがある菜食主義（ベジタリアン）のなかでも、「完全菜食主義」の人々のこと。動物性の食品を避ける食習慣であり、それは摂取する食事に限らず、衣服や持ち物などであらゆる動物性製品を避けることをポリシーとしています。

そのジャンルを選んだ理由やストーリー それがあなたとお店のビジョンを形成する

04 落とし穴３ ターゲットの問題 TARGET

ジャンルとビジョンは決まったけど、ターゲット層がニッチすぎて、お客さまが増えるイメージがまったく湧かない……。

先ほどの落とし穴２「ビジョン」の中で、あなたがオープンさせようとしているお店は「誰に」対してアプローチをしていくのかと問いかけました。それは、〝お店に来ていただきたいお客さま〟というターゲットを明確にする必要性が、飲食店経営に際してどれほど重要になってくるのかということでもあります。

ニッチなジャンルでやっていこうと決めただけでなく、その上さらにターゲットを絞ってしまうことは、ただでさえ少ないと予想されるお客さまのパイがもっと少なくなってしまうのではという不安も芽生えてくると思います。

でも、それで大丈夫なのです。

ターゲットのゾーニングを狭く設定したとしても、広い層にまで響かせる方法があります。

それは、広告やチラシ、各種SNSを駆使して発信するお店のメッセージの切り口を、2種類以上は用意しておくことです。

そのうちのひとつは、絞ったターゲット層にダイレクトに響くメッセージを打ち出します。

提供するフードのジャンルをすでに知っていたり、食べたことはないけれどそれに興味があったりする人向けのものですね。彼ら彼女らに届けるために、多少は踏み込んだ内容であっても問題ありません。少しマニアックなものになったとしても良いでしょう。むしろ、それくらいの方が想定ターゲットに刺さる可能性が高いです。

そして、もうひとつ用意するべきなのは、そのジャンルを認知している人たち以外の圧倒的多数の層に向けたメッセージです。こちらも用意したうえで、同時に発信していくことで効果を上げることができるのです。

その内容についても、なるべく多くの人の印象に残りそうなキーワードをチョイスして作成します。たとえば、多くの女性が無意識的に関心を寄せてしまうトピックスの数々、「ダイエット」のアプローチや、「デトックス」「美肌」「アンチエイジング」に効果的であるといったメッセージですね。

ニッチなフードジャンルのお店を利用される客層は、現時点ではやはり女性が圧倒的多数を占めています。それは日本全国の飲食店がそうだと思います。だからこそ、どれだけ女性の関心を引くことができるのか。目にした瞬間に「オーダーして食べてみよう」と思わせられるか。そのためには、やはり前述のキーワードのアプローチは欠かせないものになります。

あなたが提供する食事のコンセプトそのものにブレが生じてしまうといけませんが、そこに配慮しながらマジョリティの人々に響く内容へとブラッシュアップしていくといいでしょう。

多くの人が悩んでいることを毎日の食事を通して改善していく。無理にエステやジムに通わなくとも、食事を変えるだけで効果があるということ。それをメインテーマに据えてメッセージをつくるのがポイントです。

発信するメッセージの切り口を使い分け狭いターゲットでも最大限の効果を得よう

05

落とし穴４ 集客の問題

ATTRACT CUSTOMERS

**料理の味にも使用する食材にも
いずれも自信がある。
それなのに、その良さを
充分に知ってもらえないせいで
お客さまが来ない……。**

お客さまがお店に来ていただくためには、提供する商品（メニュー）だけこだわっていてはいけません。もちろん、お店のコンセプトの根幹に関わるものですから、そのこだわりはとても大切であることは間違いないことではありますが。

たとえば、全国の農家から選りすぐって仕入れた野菜の質にこだわる。料理に使用する調味料や油を伝統製法で作られたものを選ぶことにこだわる。それらを調理する方法や盛り付けなどにもこだわる。

しかし、そのようなこだわりをメニューの売りにしているお店は、実のところ他にもたくさんあるのです。検索してみると星の数ほど出てくることでしょう。ヘルシーなメニューを提供しているニッチなジャンルの飲食店のオーナーは、そのようなこだわりを持っている方ばかりと言っても過言ではありません。

同様のこだわりが数多ある中で、どのようにそれらのお店との差異化を図り、お客さまに実際に足を運んでもらえばいいのでしょうか。自分が出店するエリアに同様のお店がなければ、気にしなくても良いのでしょうか。

実は、お客さまにもわかるくらいに差異をしっかりと打ち出すことは、皆さんが想像している以上に大変なことです。新規顧客の獲得はもちろんのこと、リピーターになってくださるのは、それ以上の難易度だと考えてください。

それではどこで他店との差をつければいいのでしょうか。

それは、切り口です。「お客さまを呼ぶ企画」や「お客さまを呼ぶメッセージ」の切り口はもちろんのこと、実はメニューにおいてもお客さまが店に行きたいと思わせるような切り口というものが存在します。

おそらく、この本を手に取られたあなたのお店にも、「一番食べてほしいメニュー」があるはずです。料理人としてのあなたが自信を持って提供したいメニュー。お店のコンセプトを体現しているような渾身のメニュー。ゆくゆくは看板に育てたいと考えているメニューがそれにあたります。

それでも、はじめからそのメニューに辿り着いてくれる人はそれほど多くはありません。直球勝負でそのメニューの提供のみに絞りこみ、ひたすら推していくのも1つの方法ですが、それでは消耗戦の様相を呈してきます。まずはお店に来てもらい、さまざまなメニューの中からその「推しメニュー」を知ってもらうことが大事になります。

そのためにも、価格や話題性に優れた「入り口」となるメニューもつくっておくのです。そこから、看板レシピへと導く道筋をつくっていくのです。切り口とはそういうことなのです。

集客とは読んで字のごとく「お客さまを集める」ということに他なりませんが、正しくは「お金を落としていただくお客さまを集める」になります。年に数回程度開催されるイベントの集客とは異なり、飲食店は365日それを行っていかなくてはいけないのです。

集客に対する取り組みを意識的に行ってください。そのために必要な「切り口」をしっかりと理解してください。

集客に対する取り組みがすべての鍵を握る
そのために必要なものは「切り口」！

06 落とし穴5 マーケティングの問題

MARKETING

来てくださるお客さまが、
一定数のファンの方しかいない。
あるいは、新規の方しかいない。
そのためお店が成長していかない。

飲食店を経営するということはどういうことか。もちろんその収益の本質的な部分は、お客さまにわざわざお店まで足を運んでいただくということに他なりません。

お客さまに自分のお店について興味を持ってもらい、それなりの時間を費やして足を運んでもらうだけでも一筋縄ではいきません。その上、さらにファンになってもらって、リピートしてもらうということは、どれだけ気が遠くなるようなプロセスなのでしょうか。あなた自身がお客の立場（そしてその期間の方が圧倒的に長いはずです）になれば、想像もしやすいと思います。

新規顧客＋リピーター化した新規顧客＋常連客

これが多くのお店の来店者内訳になるでしょう。

しかし、5年、10年単位の歴史がある飲食店は、当然ながら常にこのフローが循環しているからこそ続けることができているのです。

どれだけの年数が経過しても、お店には新規のお客さまとリピートのお客さまの両方が来店しています。何年も通っている昔からのお客さまもいながらにして、新たなファンを獲得し続けているのです。

その理想的なフローを形成するために必要なことは、**マーケティング**についての基礎的な知識です。

新規のお客さまに、お店にまで来ていただく方法。
そのお客さまにリピートしていただく方法。
リピートの回数が定期的になり、お店のファンになっていただく方法。
そのファンのお客さまが新規のお客さまを連れてきていただく方法。

マーケティングの方法論について学ぶと、そのいずれにおいても見えてくるものがあるのです。中長期的な店舗運営のためには、戦略が必要となってきます。マーケティングはその戦略を立てるうえでも重要な役割を果たしてくれるため、それを知っておいて損はありません。

もちろん、はじめから専門的にマーケティングを完璧に学んでいくのは大変なことであり、道のりはとても長いものです。

しかし、マーケティングについての本を読みこんだりすることや、ジャンルは異なれども飲食店の経営に成功している人の話を聞いたりすること、さらに同業他者のケースを徹底的にリサーチするくらいのことは、なるべく早い段階から行っておくことをおすすめします。

それらは、あなたが歩もうとしている飲食店経営道を照らしてくれる役割を果たしてくれることでしょう。

＊**マーケティング**…企業が行う活動のなかでも「顧客が真に求める商品やサービスを作り、顧客がその価値を得られるようにする」ために行うこと。商品販売のためのマーケティングリサーチや、広告宣伝活動に用いられる概念。

マーケティングの基礎知識を身につけよう 飲食店経営で見えてくるものが必ずある

07 落とし穴6 スキルの問題

SKILL

そもそも自分にはスキルが足りなかったと、お店をオープンしてから気がついてしまったなら。

実はこの落とし穴は、私自身が直面し、その当時は気づかずに見事にその穴に落ちてしまったことでもあります。

実際にお店をオープンしてみると、自分の料理の技術や知識が不足しているということを知るオーナーは想像以上に多いです。料理人として長年に渡って修業をした人でもそう感じる方もいらっしゃいます。

他業種から参入しようという方であっても、一国一城の主としてお店を始めようと計画するくらいですから、皆さんある程度以上のスキルはお持ちだと思います。それでも、メニューの幅を広げたいと思ったときや、提供しているメニューの良さについてお客さまにもっと伝えたくなったときに、「もうちょっと自分にスキルが必要だな」と思う事態に直面することがあるはずです。

人によってはそれを挫折として感じることがあるかもしれません。そして、さらにスキルを身につけたくとも毎日の業務に忙殺されてしまい、難しいと感じることもあるでしょう。しかし、そういうときこそお店に少し穴を開けたり、スタッフに迷惑をかけたりしても、思い切って勉強をし直すことを私はおすすめします。

私が直面したこの落とし穴のケースでは、お店を妻とアルバイトに任せて自身のスキルアップのために時間を費やすことを決意しました。その決断は自分でもお店にとってのターニングポイントになったと言えるものでした。

私が選んだ道は、ローフードの本場であるアメリカに渡り、ローフードシェフの養成校である「**リビングライト・カリナリー・アーツ・インスティテュート**（ＬＬＣＡＩ）」に入学し、１ヵ月間かけてローフードの集中講座を受講するというものでした。最終的にそのスクール公認のローフードシェフ&インストラクターのライセンスを取得するに至り、帰国したのです。

当時、まだ日本でもそのスクールで学び、卒業した人はほとんどいない状況で、それは私自身にとってもお店の将来にとっても間違いなく賭けに近いものでした。

このときの経験は、私にスキルはもちろんのこと、それ以上にメンタル面で大きな影響をもたらしてくれました。大げさではなく、それまでとは別人になって帰国したとすら言えるものでした。

なによりも「私はローフードの専門家である」という自信がついたのです。私が不在にすることでそれな

「LLCAI」のディプロマ（右）と、恩師との写真

りに損失が生まれたとしても、その分をしっかりと学んで、知識と経験に裏付けされた自信を手に入れる。〝肉を切らせて骨を断つ〟ようなやり方と言えるかもしれませんが、これも成功の秘訣だと思います。

＊リビングライト・カリナリー・アーツ・インスティテュート…カリフォルニア北部フォートブラッグにある、ローフードシェフを養成する専門学校。数多の有名ローフードシェフを輩出した名門校。現在の校名は「リビングライト・カリナリー・インスティテュート」。

己の力量を知り、さらに磨き上げる
そのためには思い切った決断も必要！

08 落とし穴7 事業計画の問題

BUISINESS PLAN

**支出と収入のバランス
これが上手にとれない。
その結果、運転資金が
口座からどんどん減っていく。**

あなたは、「事業計画」についてどのようにお考えでしょうか? そもそも事業計画を持っていらっしゃいますか?

銀行からお金を借りる/借りないに関わらず、起業するにあたって必ず立てるべきものとして、この事業計画があります。

しかし、パートナーと組んで起業するならともかく、オーナーひとりでお店を始めた場合、事業計画を意外とおざなりにしてしまっている人が多いのも事実です。「自分のお店を出す」という勢いとテンションのまま、なんとなく雰囲気でオープンさせてしまう人もいます。

しかし、それはとても危険なことです。

そんな場合は立ち止まってください。

どれだけお店が上手くいく気をあなたが感じていても、事業計画をしっかりと立てていないまま行う起業は、必ずといっていいほどお店の危機につながります。その事態に直面するのは数年後のことかもしれませんし、そのときは予想外にすぐやってくるのかもしれません。

お店の運転資金として、必死に稼いで貯めてきたなけなしのお金が、日々少なくなっていく恐怖。あなたは具体的に想像できるでしょうか？　これればかりは味わった人にしかわからないものであり、かくいう私もこの恐怖を体験した一人なのですが、もう二度と同じことは繰り返したくないと思っています。あの、通帳の残高が目に見えて減っていくスピードは、どんなホラー映画よりも恐ろしいものでした。これを書いている今、当時のことを思い返しても背筋が寒くなります。

お店をオープンしたけれど、事業計画を立てていなかったという方がいらっしゃるとしたら、今からでも遅くはありませんので、急いで立て直してみましょう。

日ごと、月ごと、年ごとの利益目標と売り上げ目標。来店されるお客さまの数とそれに対する原価計算。最低限、これらについて把握しておくべきです。

さらに、将来的にはどれくらいの規模の事業にしたいのかも自分の中でしっかり決めておきましょう。着地点をイメージとともに定めることは、とても重要なことです。お店のオープン前はどうしても目先のことにばかり注力してしまいがちだからこそ、余計のこと。

事業計画が明確になって初めて、あなたがこれから何に力を入れ、どのように努力していくべきかを具体的に考えられるようになるのです。

そして、何よりも「事業計画」があるだけで年間のプランニングがずいぶんと楽になります。目の前の売り上げに一喜一憂しながら日々の営業を続けていくと、それだけでまず精神がすり減ってしまいます。逆算しながら、目の前のことと少し先のこと、さらに未来のことを同時に考えていくと、それがルーティンとなっていくのです。

*事業計画…手がける事業の達成目的や目標、達成する計画やその過程を、明瞭かつ簡潔に示した公式のステートメントや文書のこと。事業計画書は、事業資金を調達するうえでは欠かせない書類です。

お店のオープン前に「事業計画」を立案 将来的な着地点もしっかりと定めよう

第2章

落とし穴にはまらないために あらかじめ身につけたいTIPS

飲食店経営者がはまってしまう「落とし穴」の正体はわかっても、回避方法を知らなければ対処できません。

本章では、私の経験を紐解きながら、どのような具体策を駆使して落とし穴を見分け、回避すればいいのかを紹介していきます。

経営者としての心構えとマインド、客層のターゲッティングと集客のアプローチ方法、新規顧客のためのマーケティング法まで、すぐに実践可能な内容を選りすぐってお届けします。

この落とし穴は、ニッチであろうとなかろうと等しく飲食店経営者の前に突如現れるもの。その対応策は、どんなお店を経営していても役に立つこと請け合いです。

01 オープン時の心構えを伝授！

フードビジネスというものは、実は誰もが一番簡単にできるものなのです。

今では「大変だ」という情報がまず先に立っていますが、実際は参入障壁が最も低いビジネスです。

そうですね、たとえば街で行われる縁日のシーンを思い出してみてください。そこにはさまざまな屋台が並んでいますよ。焼きそば、お好み焼き、フランクフルト、りんご飴、綿あめ、牛串などなど。日本各地で今も昔も変わらない光景です。これも一つの「フードビジネス」と言えるでしょう。

他にも、何か食べ物がブームになるとすぐに同ジャンルのお店がオープンします。

皆さんも思い当たるものはあるのではないでしょうか。現在なら台湾からやってきたタピオカミルクティーがそうですし、数年前ならパンケーキ、そしてヘルシーなジャンルであればグリーンスムージーやコールドプレスジュースがそれにあたります。

これらのことが物語るのは、オープン資金と運転資金を準備して、オーナーのやる気さえあれば、お店そのものは誰でも構えることができるということ。難易度で言えばそれほど高くはないのが、飲食店の開業です。

〝メインで取り扱うものがブームになっている期間だけの店舗〟と割り切って出店する場合はともかくとして、これを生涯の事業にしたいと思うオーナーの中で、自分とお店が成功するイメージしか持たないではじめる方はかなりいらっしゃいます。彼ら彼女らの大半は、大切なことを見落としたまま、オープンの日を迎えているのです。

「お客さまがたくさん来てくれたらいい。そうすることが続けていくための条件」

というイメージだけで突き進んでしまっている方が多く、事業がうまくいかなかったときの想像をしていないのです。

新しい道を突き進んでいく時に起こる特有の現象ですが、高揚感と独特のテンションから「ポジティブの塊」と化してしまっているので、「できていない準備」のことにまで思考が行き届いていないのです。

たとえば、お店の場所の検討や利益率の計算、メニューや商品の価格設定の精査、看板メニューや入口となる**フロントエンド**のメニューの検討など、オープンまでにやっておかないといけないことは山ほどあります。

落とし穴は、それらのイメージをしていないあなたが落ちてくれるのを今か今かと待ちかまえています。

ひるがえって、私自身の経験を正直にお伝えすると、勢いではじめたところがたくさんありました。準備にそれだけの時間を費やしたとはお世辞にも言えない状況でお店をスタートさせたのです。

今思い返してみても、それはそれは勢いまかせの船出でした。御多分に漏れず、私自身も前述の「ポジティブ思考」に取り憑かれてしまっていたのです。

「立地なんて関係ない！　店がどこにあろうと、提供する料理がおいしければお客さまは来てくださる」

そんな言葉を発せる根拠がどこにあったのか……。あの時、少し立ち止まって冷静に分析ができていたら。周りの人の意見に耳を傾けていたら（きっとアドバイスをしてくださる方はいたのでしょうけれど、高揚感によって耳に入らなくなってしまっていたのです）。

それを構図にすると次のようなものになるでしょう。

<ポジティブ思考がもたらす負の連鎖>

オープンを前にしたポジティブ思考によって、冷静な分析（自分自身、店舗の立地条件、メニュー、戦略、マーケティング等）ができなくなる

←

「場所は悪くても、きっと口コミで広がってお客さまがきてくれるだろう」と自分で自分に言い聞かせ楽観視してしまう

←

オープン日を迎える

←

オープンのご祝儀的に来店してくださる人や興味本位の一見のお客さまがつめかける。

←

「自分の料理が認められた！ 自分のやり方は間違っていない！」と確信を抱く（実はそれは錯覚）

←

オープンからの怒涛の勢いに流され、とにかくひた走る

←

徐々に客足が途絶え、閑古鳥が鳴く事態に

←

原因の分析などをはじめるも時すでに遅し

ざっとこんな感じになります。
いかがでしょうか？

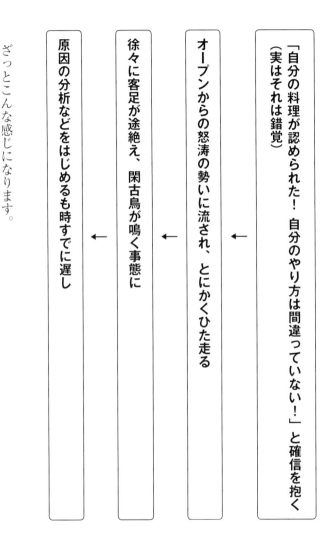

妙にリアル感があるとすれば、私の実体験も反映させているからでしょう(苦笑)。これは本当に痛感したことなのですが、「飲食店はそんなに甘いものではない」ということ。はじめることがイージーなことに間違いはありませんが、それを継続していくことがどれだけ大変なことなのか。本書はかつての私のような体験をされる方を一人でも少なくしたいという思いがあって書かれているのです。

なによりも、できるだけ長くしっかりと安定した集客と利益を出していくためには、「本当に自分が生涯を捧げるに値するお店はこの場所でいいのか?」と冷静に考えることができるようにすることが大切です。

＊**フロントエンド**…主にWebサイトの製作現場でよく使用される用語。お店に関してこの言葉を使用する場合は、「集客のための商品」を意味します。その反対に位置する「バックエンド」は、「本命商品」のこと。

フードビジネスは誰もが参入可能な業態！ だからこそ落とし穴の存在を知っておこう

02 私がはまった落とし穴の顛末記

前章で紹介したさまざまな落とし穴について、私自身が直面したケースを掘り下げていきたいと思います。

たとえば、ニッチなフードジャンルの中には専門的知識を必要とするものが多数あります。

それが不足した場合にどんなことをもたらすのかと言えば、たとえば私がはじめた「ローフード」ジャンルであれば、48℃未満の加熱で作ることができるメニューはとても限られるため、そのバリエーションがなかったという点が挙げられます。ディハイドレーターと呼ばれる食品乾燥機を使って作るメニューなどについての情報もなく（ローフードの本場アメリカでは当時から導入されていたのに）、それについての危惧はお店のオープン当初からありました。

「もっと勉強しないといけない。自分には知識が圧倒的に足りない」と常日頃から感じながらも、お店を経営するオペレーションに忙殺されてしまっていたのです。当然ながら、リサーチをしたり、お店を成功させた人の話を聞いたり、何かあったときに助言をしてくれるメンターと出会うといったことすらできないまま、時間だけが過ぎていきました。

飲食店というものは、「うまくいく方法」さえわかっていれば、仮にうまくいってなかったとしても立て直すことが可能であるということは、現在であればわかっているのですが、それを当時は知らなかったので、得体のしれない焦燥感と将来に対する漠然とした不安感だけが膨らんでいきました。

その結果、「お客さまが来ない」という最悪の事態を招くことになりました。

すでに書いた通り、オープン当初はたくさんの人が来てくださいました。「ローフードというニッチなジャンルでも成功できる」と浅はかにも確信を抱いてしまうくらいには。しかし、それは儚い夢と消えたのです。

オープンから2ヶ月が過ぎた頃、急に客足が途絶えました。リピートのお客さまも、新規のお客さまも、パタリと来店されなくなりました。2ヶ月ですので、常連というほどのお客さまはまだいない段階です。そうなると薄々感じていた焦燥感と不安感はさらに増幅していきます。そして、実際に日に日に減っていく口座の残高と向き合い続けていく。そして、自分自身との自問自答を繰り返す。助言してくれるメンターに出会ってもいませんでしたから。しかし、何度書いても当時の記憶が甦ってきて背筋が寒くなります（笑）。

だからこそ、私はこの時点で閉店を選択する方々の気持ちがよくわかるのです。私自身もそれを想像したことがないと言ったら嘘になるので。

ただ、2ヶ月目というタイミングでそれがやってきたのは、不幸中の幸いだったと言えるかもしれません。そこはローフードというニッチなジャンルだったからこそ訪れたものだったのでしょう。これがゆっくりとゆっくりとお客さまが減っていき、やがて途絶えたとしたら……。それが私の場合は、早い段階で波が引くように一気にやってきたので、逆にスパッとマインドを切り替えることができたのです。

窮地に陥り、そこから立ち直った体験はあなたの志をさらに強固にする！

オープン当初の「ローフード ロハス」の写真

03

落とし穴の回避法1

メンタル面の回避法と「MVV」の重要性

メンタル面について必要なものは「覚悟」であり、そのためにも「起業を通じて叶えたい夢や成し遂げたいことのリスト」をまずは紙に書き出したりなどして、自分自身を洗脳するように刷り込ませることが大切であると書きました。「覚悟」と言い切ってしまうと、前時代的に聞こえてしまうのかもしれませんが、それがないと成功できないとまで断言できるものであると私は考えています。

飲食店をはじめることについてはハードルが高くないと書きましたが、〝ファッション感覚〟ではじめてしまう人が多いのも事実です。「自分の店を持ちたい」「飲食店の経営者として成功したい」という夢を抱くのはもちろん当たり前ですが、その裏側にどれほどの覚悟があるのかと問いたいですね。

たとえば、ビジネスに精通している人や投資家の人たちで、飲食店を手がける人は驚くほど少ないです。なぜなら「利益が小さい」から。だから、経営するといっても経営者感覚ではなく、「自分が厨房に立つ！」という覚悟がない人がファッション感覚ではじめるとうまくいかないのです。間違いなく続けられない。

そして、厨房に入るということは朝から晩までやらなければいけないことのオンパレード。これは一切の誇張なく、待ちかまえている現実です。それを受け入れるくらいの気持ちがなければ、成功することは難しいでしょう。

〝ファッション感覚〟と書きましたが、「こんなお店があったら流行るんじゃないか」「こんなジャンルでこういう風に人が集まって、これくらいの売り上げがあがったらいいいな」という表層の領域に留まった思考のことです。そういう人たちはメンタル的な準備が完全にはできていないので、壁に直面したり、少しの挫折ですぐに経営を諦めてしまうのです。お店を続けることにそれほど執着していないという言い方もできるでしょう。

「飲食店をはじめてみたはいいけど、やってみたら大変でした」という具合に弱音を吐く人の多いこと。そういう方に対しては、「あなたの夢はその程度のものなのですか？」といつも問いかけています。

人によってメンタルの強さというものは異なります。鍛えることで鋼鉄のメンタルになってくれるのかというと、そういうものではありません。強い人もいれば弱い人もいるのが当たり前。ただ、社会に出てそれなりの経験を積んできた人であれば、困難に直面したときでもなんとか解決策を考えて乗り越えようとすると思いますが、覚悟ができていない人は、過去に社会人としてそんな経験をしていたとしても、「そういう時でもお店のために頑張る！」という解決に向けてマインドをシフトするようなメンタリティにはならないようです。

とりわけ飲食店は現金の流動性が激しいこともあって、資金的に余裕のある人や「ある程度は赤字になっても大丈夫」と最初から計算している人なら問題はないのですが、ギリギリの資金でスタートする人が多いのです。

お金にまつわる数字は非常に力があります。銀行口座の数字がみるみるうちに減っていくという恐怖。それに耐えられるだけの資金を用意できていれば、心の余裕も芽生えてくるかもしれませんが、それがない場合、メンタルはとても脆弱なものになってしまいます。誰しもがそうです。

断言すると、最初の数ヶ月は利益が出ないものだと思ってください。それだけの覚悟と「そうであったとしても自分の力で黒字にするんだ！」という強い信念を持てるくらいのメンタルがないと、長い期間お店を続けていくことは難しいのです。

私の周りには、ニッチなフードジャンルの飲食店に挑む方がたくさんいます。皆さん、ヴィーガンのお店やベジタリアンのお店をはじめるのですが、途中でくじけてしまう人たちばかりです。皆さん、「こんなに大変だと思わなかった」「こんなに時間が取られるとは思わなかった」「ここまでハードだと思わなかった」と口々に仰います。こういったジャンルは社会貢献や環境問題へのコミットにもつながっているので、使命感に満ち、高い理想を掲げる方が多いのですが、それらの前に「覚悟」がこないと、心が折れた時に続けるという選択肢が消えてしまうのです。

現在の日本では、ベジタリアン向けの飲食店はオシャレな雰囲気のものが多く、ファッション感覚に秀でた店舗が多いこともあり、そのジャンルをさらに広げて浸透させたいと考えスタートするものの、ニッチすぎるマーケットの前に撃沈してしまうという声がほとんどではないでしょうか。

とはいえ、私がオープン当初から豊富な資金を用意し、ちょっとやそっとのことでは揺らぐこともない鋼のメンタルを持ち合わせていたかと言えばそうではありません。

私が独立前に勤めていたのは外資系の健康食品会社でした。そこで経験を積み、食に対する知識やローフードの専門的な知識を持っていたこともあり、「自分にはできる」という自信がありました。オープンしたのは2007年12月のことで、ローフードのお店では現在日本で一番古いものです。

しかし、「絶対にローフードは流行る！」「将来的に成功する！」というポジティブな思いだけでスタートさせてしまいました。冷静に情報収集しようにも2007

年という時代はSNSすらなく、ブログ文化が栄華を極めていた時代。

私に欠けていたのは「ミッション・ビジョン・バリュー」（MVV）という三要素でした。

一般的な会社であれば「理念」としてサイトなどに掲げているものが、当時の私にはありませんでした。

「なぜこのお店をはじめたのか？」
「どこへ向かおうとしているのか？」
「何を大切にしていきたいのか？」

これらの問いに対する答えこそが、「ミッション・ビジョン・バリュー」になるわけです。私はこれを設定しないままに走り出してしまいました。

「ローフードは体にいい」だけでなく「今まさにアメリカでブームになっている」

からこそ、きっと成功するに違いない。

まさに先ほど書いた〝ファッション感覚〟ではじめた典型が、当時の私だったということなのです。

コンセプトや理念、そして将来的に自分が働いて得たいと思っているもの、経営にあたって何にこだわり何を大切にしていきたいのか、それらをまとめるところからはじめてみてください。それをしっかりと定めることで、あなたに覚悟をもたらしてくれるはずです。

私の場合は、途中でその重要性に気づくことができました。そこからの決断は自分でも早かったと言えます。大幅な軌道修正とテコ入れを行い、移転と同時にリニューアルを決行し、その結果、なんとか最悪の事態（＝閉店）を回避することができました。

「ミッション・ビジョン・バリュー」がなかったから、誰に向けてどういうメニューを発信したいのか、何を売っていきたいのか、伝えていきたいのか、それについての答えを何も用意していませんでした。とにかく誰でもいいからお客さまに来ていただきたいという思いしかなかったのですね。そういう思考パターンの方は驚くほど多いです。

私はニッチなフードジャンルを「ローフード」とだけ決めていました。〝日本で初めてのお店〟ということにこだわりを見せていたのかもしれません。そうは言えども、ローフードを食べたいというお客さまの動機は多様です。

アメリカでブームになっているものがいち早く食べることができるというミーハー的なものもあれば、健康のため病気のために食べたいと思う人もいらっしゃいます。ダイエットのため、アンチエイジングのためと考えている人なども。かように、来店時の想いは人の数だけあるのです。

「誰でもいいから」
「一人でも多くの人に来てほしい」

「ミッション・ビジョン・バリュー」最初に決めたそれを貫き通すこと！

実はそこで思考がストップしてしまうととても危険なのです。大切なお客さまのことを「お金を落としてくださる方」という風に見てしまっているきらいがあるので。そうではなく、お客さまのことを一人の個人として見ることができるようになるためにも、「ターゲットの明確化」が重要になってくるのです。

長くお店を続けていくためには、オーナーサイドの姿勢というものが問われることになるわけですが、そこで「ミッション・ビジョン・バリュー」をオープン段階でどれだけ確固たるものに作り込むのかにかかっていると言えるでしょう。途中で「ミッション・ビジョン・バリュー」が変わることは、お客さまに対する裏切りとも言えることなのです。

04 落とし穴の回避法2 ターゲットへのアプローチ法

ニッチなフードジャンルゆえに、ターゲット層が狭くてお客さまが来てくださらない。これは、こだわっているお店ほどはまりやすい落とし穴です。

たとえば、ローフードはベジタリアンの方が相対的に多いジャンルです。一方で、日本におけるベジタリアン人口は、欧米諸国に比べても多いとは言い難いのも事実。その上、ベジタリアンの方であったとしてもお店のことを認知してくれて、来店までしてくださる方となるとさらに少なくなるでしょう。

こういう方々への認知はずっと高めていく必要があります。そのためには彼らに向けてどのような企画を打っていくのかが大事になってきます。飽きられない仕掛けの重要性というわけです。

さらに、ベジタリアン以外の圧倒的多数の一般層の方々であったとしても、ニッチなフードジャンルの常連やリピーターの予備軍（見込みのお客さま）というのは必ずいます。そういうところへ行ってみたいという人たちに向けて働きかけることをやり続けてください。

ニッチなフードジャンルのオーナーは、自分と同じ嗜好性の方だけを向いてしまう傾向があります。ニッチな人だけをターゲットにしてしまっているのですね。そういう方はもともとニッチなジャンルにお金を使ってくださっているので、そもそも来店意志を持っています。そこにアプローチしてお店へ足を運んでもらうというのは、それほど難しいことではありません。

ですが前述の通り、もともとの人数が圧倒的に少ないため、その方々だけを頼りにお店を続けていくのは不可能に近いと言っても過言ではありません。全員が全員リピーターになってくださるとは限らないわけですから。

そんな時は、一体どうしたらよいでしょう?
そういったニッチなジャンルに興味を持つ方の数が増えるのを待ちますか?
そんな時代が来ることを祈りながら待ちますか?

そうではなく、〝新しいことに対してすぐにお金を払うつもりはないけれど、関心はある〟という層にも同じように意識を向けてください。

正直に申し上げて、そういう方々をお店まで足を運ばせるのは、ニッチなジャンルに興味を持っている方の何倍も労力が必要になります。ですが、少しでもいいのでそういう方を呼び込んでいかないと、お客さまの数は増えていかないのです。しかし、そうでもしないと新規のお客さまを獲得することは難しいと言えます。

「自分のことをわかってくれる方だけが来てくれればそれでいい」という態度を続けていると、かつての私のように一気にお客さまが来なくなるのです。ニッチなフードビジネスを信念だけで突き進もうとすればするほど、大多数の見込みのお客さまに目を向けず、少ない数のニッチ関心層にだけフォーカスをしてしまい、結果的に失敗するのです。

お客さまとの向き合い方を変えること。

そして、ターゲットは「絞りながらも広げていく」こと。

顔が見える方（ニッチに関心のある方）も、見えない方（一般層）も、等しくあなたの貴重なお客さまです。だとすれば、すべての方をターゲットにしていくに越したことはありません。いつ、どんなタイミングで、あなたのお店に興味を抱いていただけるかわからないのですから。

ターゲットは絞るだけにあらず「絞りながらも広げる」が正解！

05 落とし穴の回避法3 集客のやり方を考え直す

「集客で大事なものはお店の立地」

これに異を唱える方はいないと思います。確かに立地で集客は大きく変わります。

私が最初のお店の立地を決めたときも、予算の都合で決めたのですが、「まぁ、隠れ家的なお店でいいや」と考えてしまいました。その時は「辺鄙な場所にあっても絶対お客さまは来てくださる」という極めて楽観的なマインドがあったことは間違いありません。

最寄り駅からは離れたところにあるビルの2階、しかもフロアの奥まった場所にありました。窓がないため外の景色も見えないという始末。今から考えると、「当時の自分はどうしてこんな場所を選んだんだ？」と思ってしまうばかりです。

とはいえ、ありがたいことに最初は皆さん探し出して来てくださいました。それで「やはり場所は問題じゃないんだ！ 私は間違っていなかった！」と思ったのもつかの間、「場所がわからない」という苦情が増えていったのです。

結果的に、私の店は気軽に来れるというお店ではなく、「わざわざ探し出して食べに来てくれる」という人だけが来店するお店になりました。

通りすがりでふらっとやってくる方は誰もいません。〝お金を払う準備ができている人〟しかこないというお店だったのですが、これはとても問題です。

お店をやる上で、気軽さや風通しのよさはとても重要です。

〝毎日同じものを同じお店で食べる〟と決めている人もいるかもしれませんが、多くの人はその時々の気分で決めているでしょう。流動的なそれらの人たちの目に止まらないということは、新規顧客の獲得競争において致命的な欠点になります。そう、ニッチなフードジャンルであったとしても、新規顧客を獲得するための競争に参加せざるをえないのです。

だからこそ、お店を探しに不動産屋に行った時には、自分が希望する立地を絶対に妥協することなく考え抜いてください。不動産屋で徹底的に相談してください。決して安易に考えないでください。

最寄り駅をどこにするのか、お店の入る場所の周囲の雰囲気など、気になった物件があれば実際に足を運んで確かめてみましょう。そして、昼、夕方、夜など時間帯を変えて人の流れを確認してください。平日と休日で同様のことを行いましょう。その中で、男女比や年齢層、どんなジャンルの方が多いのかなど目につくことをつぶさに観察してください。

自分の希望する立地を安易に考えてはいけません。集客はそれだけで大きく変わります。自分の直感を信じてフィーリングで決めるということを私は否定しませんが、リサーチを怠ると必ず自分に跳ね返ってくるものです。

隠れ家的なお店というコンセプトも、すべてが駄目というわけではありません。中長期的な集客の見込みが立っていて、資金的な余裕があり、長いスパンでの計画ができていれば、ですが。私の場合は、最初から隠れ家的なお店を開こうとしていたわけではなく、お店の場所が決まってから、そのお店でやっていけそうなコンセプトがそれしかなかったというだけの話なのです。自分自身を洗脳するようにコンセプトを上書きしたということですね。

いかに安易だったかということを痛感するばかりです。

皆さんはそのことを頭に置いておいてください。そして、私のような失敗をしないでください。

お店の立地はギリギリまで粘ろう それが集客につながっていく

06 落とし穴の回避法4
あなたのお店の「ペルソナ」を設定する

さきほど、お客さまの「ターゲット」を絞ることの重要性について書きました。ターゲットがある程度の振り幅を持たせるのに対して、それとは別に徹底的にリアルに設定していくものに「ペルソナ」があります。

「ペルソナ」とは、マーケティング業界でしばしば使われる言葉であり、英語では「劇などの登場人物」「外的人格」と訳される単語ですが、ここでは〝サービスや商品においての典型的なユーザー像〟を意味しています。

まるで実在する人物であるかのように、年齢や性別から職業、趣味や家族構成、生い立ちなどすべてにおいて詳細な設定を満たしていきながら作り込むものです。細ければ細かいほど良いのですが、飲食業でもこれは応用ができます。

あなたのお店に来てくださるお客さまのペルソナを、可能な限りじっくり考えて見てください。おのずと見えてくるものがあるはずです。

ターゲット像を曖昧にしないためにも、詳細なペルソナを設定して共有することが重要となってきます。そうすることで、たとえば新メニューを導入する際にも、ペルソナのニーズを満たすものを考えやすくなりますし、それ以外の企画などの方針も立てやすくなるのです。

ただ、ペルソナを設定する際に大切なところは精度を上げたものにするということ。なるべくフラットな視点で主観的なバイアスをかけずに、その人物像を作り上げていくのです。フラットということは、あなた自身やあなたが体験してきたことを反映させないということ。

そして、それを見た誰もがイメージしやすい人物像を作りましょう。それが的確にできれば、その背後にいる多くの不特定多数の方へのアプローチが容易にできるようになります。

飲食店でペルソナを取り入れて成功しているのが、「Soup Stock Tokyo」（スープストックトーキョー）です。

スープストックトーキョーは、「秋野つゆ」という名前のペルソナを設定しました。

秋野つゆは37歳で、都心勤務のキャリアウーマン、装飾性よりも機能性を重視しています。さらに、社交的な性格だけれど自分の時間を大切にするタイプで、人生の楽しみかたについて考えているという設定が与えられました。

細かく設定されたペルソナをもとに、さまざまな施策を打っていったのです。

その結果、スープストックトーキョーは創業10年で売上高が42億円に達したのです。躍進を支えた要因は数多くありますが、詳細に設定されたペルソナが一役買ったことは間違いありません。

〈あなたのお店のペルソナを設定してみよう〉

名前	年齢	性別	住所	家族構成	趣味	性格	経歴

ペルソナを設定し、そこに向かって施策を打つことは重要ですが、それだけに注力しても構わないのは、潤沢な資本に裏打ちされた店舗だけであることは繰り返し伝えておく必要があります。

ペルソナからこぼれた圧倒的多数が、あなたのお店に入ってこれるような戦略もしっかりと練っておかなければいけないのです。ペルソナから導かれる新規のお客さまと、大多数の中に必ずいる予備軍。この二つのターゲットを常に意識してください。

次ページでは、それらのターゲットのために用意しておくべき「入口」について紹介します。

お店の立地はギリギリまで粘ろう それが集客につながっていく

07

落とし穴の回避法5

「入り口」を複数用意してお客さまを獲得する

私のお店は、オープン当初の店名が「ローフードカフェ ロハス」でした。すでに書いた通り立地は悪く、ビルの2階の奥まった場所にありました。オープン2ヶ月目にして客足は途絶え、絶望の淵に立たされたわけですが、「やはり路面店でないといけない」と思い立ち、移転を決意します。

不動産屋さんで妥協することなく物件を探し求め、当たりをつけた場所のリサーチを行って人の往来やセグメントを確認し、最終的に決めたのが現在の店舗でした。札幌の市街地により近くなり、ホテルの一階に入ることができたのです。念願の路面店というわけですが、しかも人通りも多く、この物件が見つかったときは快哉を叫んだことを思い出します。

場所を移すタイミングでお店のリニューアルも同時に行います。ターゲットをニッチに興味のある人とそうでない多数派層のどちらにも届くように変え、さまざまな施策を打っていきました。

とりわけ、メニューの構成で重視したのがすでに紹介した「フロントエンド」と「バックエンド」の構成です。

「集客商品」であるフロントエンドに対して、「本命商品」であるバックエンドとは、自分たちが本当に売りたいもののこと。

マクドナルドのメニュー展開から例を挙げると、店舗側としては利益率が高いセットメニュー（バリューセットなど）を売りたいわけです。それがバックエンドメニューですね。その中で、一般の人に向けたフロントエンドメニューとして設けられているのが、単品で買える「100円マック」のラインナップであったり、同じく100円の「プレミアムローストコーヒー」になります。フロントエンドのメニューから入って、次に来店したときにバリューセットを注文していただく。それが巧みに仕掛けられた誘導になるのです。
フロントエンドとバックエンドを意識してメニュー構成を組み立てていくことが、集客の面では重要になります。

単価の安いフロントエンドメニューで集客を行い、お客さまが来店してくださったとして、単価の高いバックエンドメニューをご注文していただくためには、さらに重要なステップを踏んでいく必要があります。それは、お客さまがバックエンドメニューを食べてみたいと思ってもらい、行動に移していただく仕組みを作るということ。

すなわち「お客さまの行動にフォーカスする」こと。それこそが、このご時世であっても他店と競争せずに繁盛し続ける秘訣でもあります。食べてもらったことで生まれる「売上」にフォーカスするのではなく、お客さまの行動とその動機にフォーカスした仕組みを作っていくのです。

単価の高いメニューを食べていただくと、当然毎日の売り上げ金額も増えていきます。飲食店の経営者で、この売り上げの数字だけに目がいってしまう人が多いのも事実です。そうなってくると、安易に単価の高いバックエンドメニューの注文数目標を立て、スタッフにノルマを強要したり、お客さまに強引にそのメニューを薦めたりすることもあるかもしれません。それによって一時的に売り上げは上昇して、目標金額を達成することができることでしょう。

しかし、スタッフとお客さまの気持ちはどうなるのでしょうか？　満足感を得て幸福感に包まれているのは、オーナーであるあなただけ。そんな状況でお店が長く続くのでしょうか？

数字を追い求めるのではなく、お客さまが満足していただくことをまず最初に考えてみましょう。それを追求していくと売上は気にならなくなっていきますし、食べていただいたお客さまの感情を考えるとワクワクするようなアイデアが自然と湧いてきます。

私の場合はまずメニュー表に工夫を凝らしました。リニューアルタイミングで、お客さまが真に食べたいという気持ちになるためのメニュー表作りから入っていったのです（逆に言えば、リニューアル前はそう思っていただけるようなメニュー表ではなかったということですが）。

お客さまが来店してまず最初に行うフローは、「メニュー表を見る」というアクションです。それを見て注文を決めていきます。その日の気候でも左右されますし、気分によって頼みたいものも変わるでしょう。前の日に食べたものによって決める方もいらっしゃるでしょうし、テレビやネットで目にした何かがきっかけになることもあるでしょう。

お客さまは、そのメニュー表を見ながら、価値と価格のバランスを考慮しつつ、どれを注文するかを決定します。

そうして、スタッフを呼んで、「この◯◯をください」とオーダーするのです。

このように、メニュー表とはお客さまの意思決定に対して大きなウェイトを占めるものであると言えるのです。

実際に私のお店で使用しているメニュー名については、お客様の心が動きそうな名前を付け、さらに見た目もきれいな写真をその横に載せています。

あのハリウッドスターやモデルも絶賛!?
酵素がいっぱい、デトックスするなら
生ナッツの巻き寿司

メニューの上に「あのハリウッドスターやモデルも絶賛!? 酵素がいっぱい、デトックスするなら」というフレーズが入っています。キャッチコピーにしてはかなり長く、内容も踏み込んだものになっています。

普通はメニュー名と写真だけで判断されるものですが、それに加えてこのメニューを食べることでどのような効果が期待できるのか、それをわかりやすいキャッチコピーにして掲載することで、一目で価値を感じてもらえる配慮を行なっています。これが、人の行動にフォーカスしたメニューの例です。

私のお店では、この配慮をプラスしたことでお客さまが行動に移してくださり、単価の高いバックエンドメニューのオーダーが劇的に増えたのです!

お客さまが「お金を払ってでもその価値を感じたい」という行動に移る、言わば背中を押してあげるということ。きれいな写真と効果がわかりやすいコピーによって、バックエンドメニューを注文する舞台が整えられえたと言えるのです。

肝に銘じていただきたいのは、ただ集客に力を入れるだけではお店の売り上げは上がらないということ。来てくださったお客さまが価値を感じ、ワクワクしながらオーダーをしてくれる。「それを食べることで自分にどんな変化が起きるのだろう」と胸を高鳴らせる仕組みが必要となるのです。

お客様の食べたいという行動を促すには、どのような情報やサービスを提供すればよいかを考えると繁盛店へと導かれていきます。

これを食べると私はどうなるのか?

そこへ行くと私はどうなるのか?

自分には何かもたらされるのか?

これを絶えず頭で考えながらお客さまの行動に働きかけてください。キーワードは「ワクワク」です。

お客さまが目にするメニューに あなたのメッセージを込めよう！

人がワクワクして思わず行動したくなる仕組みを考えてください。そうすると、働いているスタッフもワクワクします。結果的に、そのメニューを食べたお客さまもワクワクすることになって、三方良しになるのです。

飲食店において、そのワクワクは何よりも強い魅力になりますし、リピーターになってくださる要因にもなるでしょう。

人の感性に働きかけ、価値を感じてもらえる情報の提供や、その動機づけとなるものを届けられたならば、おのずと行動が起こりますし、それが売り上げとなるのです。

08

落とし穴の回避法6

すべてがマネタイズになる現代のサービス

「フロントエンド」と「バックエンド」については、それこそ無数の例が挙げられます。

たとえば、トヨタ自動車のケースを例に出して説明しましょう。

入り口となる安価な車と、単価の高いハイグレード車がそれにあたるのでしょうか？　カローラとクラウン？　いいえ、実はトヨタ自動車が本当に売りたい商品は車ではないのです。

トヨタ自動車が何で効率的に利益を上げているのかを見れば、それが明らかになります。実はその利益の大半が金融によるものです。自動車を購入してくれるお客さまに、自社のローンをなるべく長期間に渡って組んでいただく。そうすることで、その分割手数料が重要な自社の収益源となるのです。金利は１００％が利益になるのですから。

そのためにも、「買いたくなる（買い替えたくなる）車」を作ることが求められますし、それを一人でも多くの人に知ってもらうために広告費も資金を注ぎ込む必要があります。実際にテレビを見ていて、トヨタ自動車のＣＭが流れない日はないと思いませんか？

昨年、会社用に新車を購入したばかりなのですが、そのお金は一括で支払いました。それでも、ディーラーの担当者は引き下がってはくれません。「土門さん、ローンの方は組まれるご予定はないですか？」と、実に困り顔で言われました（笑）。ただ単に車が一台売れるだけでは色々と困ることがあるのでしょうね。色々なことを察してしまいました。

一方で、「ドモホルンリンクル」の再春館製薬や無添加化粧品のファンケルなどコスメを販売しているメーカーは、3日分の〝無料お試しセット〟を送料無料で提供しています。これもCMや雑誌広告でお馴染みだと思いますが、これは「フロントエンド」の商品です。

これほど「見込みのお客さま」に対してアプローチできるものはないでしょう。ユーザーは実際に自分の肌で試してみて、気に入れば現品を購入すればいいし、気に入らなければ買わなければいい。

そもそも無料とは言えど、自分の個人情報を入力する必要があるわけで、その時間や手間をかけてまでやるということは、〝購入までもう一息〟という段階だと言えるでしょうから。そこまで行くと新規顧客をゲットしたも同然と言えるかもしれません。最終的には、バックエンドの商品購入へ誘導していくのです。

「無料」と銘打ったものは、だいたいがフロンドエンドに該当します。現代に生まれている新しいサービスは、その入り口として必ず無料が関わってきます。

NETFLIXやAmazon PRIMEなどの動画ストリーミングサービスであれば、「一ヶ月視聴無料」など。音楽ストリーミングサービスもしかりです。そこで実際に試してみて、気に入ったらそのまま続けることになるでしょう（実際、解約の方法がわからなくて、利用しないのにそのままお金を払ってしまっているという人も相当数いるはずですが）。これらは、現在では「**フリーミアム**」と呼ばれているモデルになります。

各種SNSのサービスも無料という入り口で人を集めますが、その実際の収益はそこに入る広告費だったりするのです。YouTubeを見ていても、動画が始まる前には色んなジャンルの広告が入っていますよね？ それが煩わしいと感じる人は有料版のYouTube Premiumへ移行すればいいのですから。「無料」を入り口にしてマネタイズの方法が複数あるサービスが、現在は主流となりつつあります。

なによりもそういうサービスは、私たちの行動をすべてビッグデータとして吸い上げることができるわけで、それらはさらに大きなマネタイズへと利用されていきます。どんな作品を検索して見ているのか。その動画をどんなタイミングで見るのを止めたのか。どの場所で早送りしたのか。それらは逐一データ化され、蓄積されています。札幌在住の50代男性のデータとして。そういうものがすべて可視化するようになったのが今の時代なのです。

***フリーミアム**…インターネット上に多く見られるビジネスモデル。基本的なサービスや製品を無料で提供し、さらに高機能または特別な機能が追加されたものについては料金を課金する仕組みのもの。

いつの時代も「無料」はキーワード 世の中に溢れるフリーミアムという入り口

09

落とし穴の回避法6

新規顧客獲得のためのマーケティング法

新規のお客さまにお店にまで来店してもらって、リピートしていただく。

←

そしてお店のファンになっていただく。

あなたが飲食店を続けている限り、このシンプルなサイクルへの注力は、決して怠ってはいけないことです。それをやめてしまうことは、自ら閉店の方向へと舵を切ることに等しいでしょう。

そのために必要なことは、やはり「新しい企画」を常に実施し続けるということ。

飽きられないための手を打つことで、リピーターとして来てくださいますし、新しいお客さまと出会う可能性が高まっていきます。

その「企画力」は、お店がうまくいっている人は必ず持ち合わせているものだと言えます。

私がお店のリニューアルタイミングで打った施策から事例を挙げると、「人を集める企画」の切り口を変えたということがあります。

そのタイミングでやったことは、「料理教室」「ワークショップ」「セミナー」でした。

たとえば、毎日のお客さまのために用意している材料が余ってしまわないように、「ローフードの無料試食付きワークショップ」をやってみようと考えました。

お客さまの客足は途絶えていましたが、それでも何人かは来てくださっていたので、その方々に向けて「無料試食会&ローフードワークショップ」のチラシを作って配布しました。

お店に来てくださる方は少なくともローフードを実際に食べていただいているわけで、そういう方々が「無料だったら友達も連れてこよう。前から興味があると言ってたし」と新規のお客さまを誘ってくださるわけです。先ほど紹介した「フリーミアム」のモデルを応用した形になりますが、「ローフードは高い」というイメージが持たれていた当時、無料と銘打つのはとても珍しいものだったと思います。

簡単に作ることができるローのフィンガーフードなどを用意してつまんでいただきながら、プロジェクターなどを使ってプレゼンテーションを行いました。所要時間は全部で1時間くらいでしょうか。「ローフードについての説明」の最も基礎的なことや、酵素の話などをお伝えしました。

この時に重視したのは、「一度きりではなく連続性にすること」と「予約制にする」ということ。実際に一度食べていただくと「もっと食べたい！」と思うのは当然ですし、それをさらに無料で体験できるとなると皆さん次回の予約もして帰ってくださいます。

お店側としても人数の把握ができることで、材料費などで無駄を出すこともなくなります。さらに、そのリピーターの方が別の方を連れてきてくださるなど、副次的な効果も期待できるのです。

こうして、地道な口コミによって少しずつお店の売り上げは改善していきました。

他の施策もご紹介します。

店舗には必ずスペースというものがあります。これを有効活用することを自らに課しました。もちろん、自分の企画だけで埋めていくのは難しい。だったら色んな方に使ってもらったらいいのではないか。そこで「レンタルスペース」として使用可能であると告知しました。

多くの方に借りていただきましたが、中には有名な方がイベント会場として使っていただいたこともあります。そのイベント時には、「ローフードをケータリングとしてご提供しましょうか？」と申し出ました。そうすることで、レンタル料金をいただけるだけでなく、料理を食べていただくことでお店のＰＲにもつながっていったのです。

次の章では、マーケティングに付随する広告戦略などを詳しく紹介したいと思います。

自分自身が動くことで無料を提供！
自分の能力も客観的に見つめて利用しよう

第3章

お店を知ってもらうためにメディアを味方につけよう!

お客さまを集める方法に近道は存在しません。地道な努力は絶えず必要ですが、「メディア」を利用することで、その効果を引き上げることが可能となります。

メディアとは、テレビ、雑誌、ラジオ、新聞、インターネットのこと。

人々は常に何かしらのメディアを目にしています。「テレビを見なくなった」という人が増えたとしても、そのぶんインターネットに費やす時間が増えていることでしょう。

メディアとの付き合い方を身につけることができれば、人目に触れる機会が多くなるチャンスが与えられます。メディアについて考えることは、経営者にとって避けて通れない道なのです。

01 誰でもできるメディア戦略1

飲食店とは切っても切れないメディアとの付き合い方

「飲食店はメディアとどのように付き合っていくべきか。」

飲食店にとって、実はそれはとても大事な要素なのです。それは、皆さんがどのエリアでお店をはじめたとしても共通するものです。

メディアは決して皆さんの敵ではありません。むしろ、味方になってくれることの方が多いということを肝に銘じていただきたいですね。すべては付き合い方次第と言えます。

一口にメディアと言ってもさまざま。テレビ、ラジオ、雑誌などの従来のマスメディアに加え、現在はインターネットメディアも重要な役割を果たしてくれます。それぞれのメディアと上手な距離感で付き合っていくこと、その重要性についてお伝えします。

実は、お店のオープン時こそがメディアを有効活用するチャンスでもあります。彼らメディアは常に新しい情報を探しているので、まだ店舗数が圧倒的に少ないニッチなフードジャンルのお店は重宝されることもあります。

メディアのネットワークは多岐に渡っています。リサーチを担当する人がいるところは、常にニューオープン情報に目を光らせています。他にも不動産業者から入ってきた情報をもとにして、新しいお店についての情報を集めるやり方もあります。だからこそ、彼らのアンテナに引っかかる（＝面白そうなお店だなと思われる）と向こうから食いつき、連絡を取ってきます。

そのチャンスを活かすことができれば、非常に効果的に集客に結びつけることができます。ある程度は視聴者（聴取者、読者、ユーザー）の興味を惹く内容が求められているので、まだまだ目新しいニッチなフードジャンルは取り上げてもらえる可能性が高いのです。

私たちのお店は「ローフード」が食べられるお店として紹介されました。とはいえ、私も最初からメディアの使い方を自覚的に行っていたわけではありません。メディアに勤めていた経験があったので、普通の人よりは身近であったことは間違いありませんが、自分のお店がメディアで紹介されるなんてことは想像すらしていませんでした。

きっかけは、先に紹介した「無料試食会&ローフードワークショップ」でした。集客のために行っていたこの試みに来てくださったお客さまから、終了後に突然「○○テレビの者なのですが」と声をかけていただいたのです。

さすがにこの時にぞんざいな態度を取る方はいないとは思いますが、丁寧に対応をすると出演や掲載につながることがあります。ミシュラン審査員のように店にやってきて氏素性を明かさず、ただ食べて帰るということはありませんので（笑）、メディア関係の方との縁が生まれることは決して悪いことではありません。

実際に私のお店は、北海道内にあるすべてのテレビ局から取材依頼があり、紹介していただきました（詳細は4章P142で紹介）。

北海道という日本の最北の地でローフードを出すお店というギャップは、とりわけテレビメディアの人たちにとってはキャッチーな要素に映ったのかもしれません。

彼らも視聴者のリアクションを逐一想像しながらネタを探してるわけなので、ローフードほど先入観を持たれてしまうジャンルもないでしょうから、それをこちらが先回りして謎解きをしてあげると、もう頭の中で「これはいける！」というランプが灯っているのが見て取れるわけです。

和やかに談笑しているうちに、「土門さん、それ面白いですね！」と話が膨らんでいく。その数日後には出演依頼のメールや企画の詳細を記した依頼書が届いたりします。

これはもちろんローフードだけに限ったわけではなく、ニッチなジャンルのすべてに言えることです。

ベジタリアンやマクロビオティックを提供するお店であれば、ソイミートは格好のネタです。「これ本当にお肉じゃないんですか？」という驚きとともに紹介できるわけです。

ニッチなジャンルには、どんなものであってもそういう「メディア受けするキャッチーな要素」はあります。

言わば「ベタなネタ」であるわけですが、多くの人の目に止まるということは、そのベタを真っ向から引き受ける必要があります。

こだわりの強いオーナーの中には、そういうことを嫌がる方も多いのも事実ですが、何度も繰り返すように、お店を長く続けていくためには新規顧客の獲得無くしては実現不可能です。メディアと付き合うということは、ある程度求められている役割を引き受けざるを得ないところがあります。

そういう場合、きっと葛藤はあるでしょう。「こんなことをするためにお店をはじめたわけではない」と思う人もいるかもしれません。自分が本当にやりたいことは、顔の見えない人に向けた料理ではなく、目の前の人に満足していただくことだと。

「メディア＝お金がかかる」はもう古い お金をかけなくてもできる付き合い方がある

それでも、ニッチであるということは、知っていただくチャンスが多いということの裏返しでもあるのです。私が皆さんに伝授できることがあるとすれば、まさにこの「伝えること」の重要性なのです。

それくらいに、新規のお客さまが来てくださらないことには、お店はすぐに潰れてしまうのです。そのことを、お店をはじめる前に知っているだけでも、大きな差があるのです。

02 誰でもできるメディア戦略2

どうやってつながる!? メディアへのアプローチ方法

ここまでの話でメディアの重要性はわかっていただけましたでしょうか？

ここからは、具体的にメディアを使っていくための方法論を皆さんにお伝えします。

すでに書いた通り、お店が新規オープンした直後というのは、取材依頼や掲載依頼が一番多いタイミングです。

皆さんがお住まいのエリアにたくさんある料理のジャンルならともかく、ニッチなジャンルの場合は、担当者の目に止まる確率がぐんとアップします。

たとえば一度テレビ番組に出演すると、それを目にした他のメディアからさらに声がかかります。雑誌の場合はニューオープンの紹介記事かもしれませんし、また別のテレビ局の番組かもしれません。

それもまた一つの落とし穴と言えるのですが、そこで「なんて順調なんだ」と勘違いすると大変です。なぜなら、その後にはパタッと依頼が途絶えてしまうから。私も実際にこの体験をして驚きました。実際に同様の状況になった同業者の方も多いので、意外と飲食店経営者が通る道なのかもしれません。

私としては、まだまだ知っていただきたいローフードのことがあったので、みすみすこのチャンスを失ってしまうのは惜しいと思っていました。

メディアを味方につける方法はないかと思案し、とても簡単ではあるものの施策を打ってみたのです。

それが「メディア向けの無料試食会」でした。

北海道にある、テレビ、新聞、ラジオ、雑誌、ウェブマガジン、すべてのメディアに向けて招待状をおくりました。

内容は「ローフードの新作メニューをお披露目します。完全無料の試食会にペアで2名様をご招待」というもの。

それを定期的に、新作メニューを導入するタイミングで主催したのです。そうすると、招待状を送ったすべての方とまではいかなくとも、かなりの高確率で出席のお返事があります。参加者に、オススメのメニューを味わっていただき、その後の取材につなげていくのです。

貴重な時間を割いて足を運んでいただいているとはいえ、彼らとしては取り上げるネタになるかもしれないうえに、ローフードを無料で食べることができるので、一石二鳥です。

私たちとしても、メディアと良好な関係を築くことができるだけでなく、番組や誌面で紹介してもらえるかもしれないので、同じく一石二鳥。

こちらが相当な自腹を切っていると思われるかもしれませんが、正規のルートで掲載をしてもらおうとするなら必要になってくる広告費よりも断然安上がりです（この広告費については、もちろん媒体によって異なりますし、地方と東京のメディアでは比較にならないくらい金額が違います）。メニューはだいたいが1品数百円程度です。材料費も人件費も、広告費と比較すればたかが知れています。

最後に名刺交換をすれば、直接の連絡先を入手することができます。次回開催時にはそこに記載されているアドレスにメールを送れば、もしかしたら別の方を連れて来てくださるかもしれません。それぞれのメディアに従事する方々のリストというものは、他の何にも代え難い価値のあるものです。

飲食店で告知や露出に悩んでいる方は、メディアをうまく使ったアプローチをやってみるといいでしょう。

「メディアとの付き合い方」と書くと、特別なテクニックが必要になると思われるかもしれませんが、私がやっていることは右記のようにとてもシンプルなものです。

常日頃からやっている、新規顧客を獲得するための「無料試食会＋ワークショップ」のパッケージをメディア向けにリモデルしているので、新たに何かをはじめたという感覚もありません。

皆さんも、肩肘張らずにメディアにアプローチしてみてください。

「メディアは常にネタに飢えている」
積極的にこちらから働きかけよう

03

誰でもできるメディア戦略3
今では飲食店の悩みの種「食べログ」のスコアに一喜一憂!?

旧来のメディアの影響力は、確かにかつてほどではありません。その代わりに、最近ではウェブサイトや各種ＳＮＳを駆使するユーザーが当たり前になりました。

そして、飲食店であれば避けては通れないものにカカクコム社が運営するグルメサイトの「**食べログ**」があります。グルメサイトも様々ですが、やはり近年の「食べログ」の勢いは圧倒的でした。なにより、ユーザー数の多さは特筆すべきものがあり、月間1億ユーザーを記録しているそうです。

飲食店オーナーで、食べログの評価で付けられる数字に一喜一憂しない人はいないのではないでしょうか。

「食べログ」の評価は、一般的には3・5点以上あれば優良店と言われています。これは公式サイトにも「3・5点以上のお店は、高い評価の口コミが集まった、満足できる確率の高いお店です」と記載されていることからも明らか。

つまり「食べても外れはない」ということ。実際、私も外食がしたくてお店を探す場合は、この数字以上のところを探しています。

しかも、「3・5点以上のお店は全体の約4％程度しかない」という記載も公式にあるわけで、まずはこの点数を目指すようにしてください。

それでは、私たちの「自然食&ローフード ロハス」のスコアはどうかと言えば、平均的に3・5を推移しています。

食べてくださったお客さまによる評価なので、その時々で上下はあるのですが、優良店として認めていただけるくらいのスコアをいただいております。

とはいえ、「食べログ」においても、メディアへのアプローチ同様、ただ単にお客さまの評価に身を任せているわけではありません。

しかし、これも地道なもので、ひとつは「食べログ」の有料店舗会員に登録していること。これは集客サービスでもあります。まずは、標準の検索結果で優先的に表示され、アクセスアップにつながります。さらに、掲載できる写真などを増やすことが可能となります。他にも、「食べログ」経由のネット予約も導入することができます。

有料店舗会員の金額はそこまで高くはありません。集客サービスは、月額1万円に加え、ネット予約によって訪れた人数に応じた料金を払うだけ。

それを高いと取るか安いと取るかは判断が分かれると思いますが、「集客」こそ飲食店の頭を悩ませる問題であり、「食べログ」はまだまだ〝見込みのお客さま〟を集めるには最適なプラットフォームであると私は考えています。

他にも行っている施策としては、友人・知人たちに依頼して評価してもらうということ。ごくごく当たり前のことかもしれませんが、持つべきものは友人たちです。たまたま私の友人に、「食べログ」の有名なライターがいるのですが、そういう人が最高評価の「5」をつけてくださると、一気に評価が上がってきます。

なにしろ、「食べログ」そのものが〝点数に与える影響度はユーザーによって異なり、基本的には食べ歩きの経験が豊富な方の影響を大きくする考えのもと設計されている〟と明記していますから（もちろん、投稿の実績がどのように影響しているのかは明かされてはいません）。

ネットを検索していても、「食べログの点数の上げ方」について悩まれている人が多いですね。実際に、高得点の口コミが多数あるのにも関わらず、点数がそれほど高くないお店というのはたくさんあります。

思いのほか低い点数になっていて、「いっそ食べログから削除してもらいたい」と言っているオーナーも多いそうです。〝事実と異なる口コミを投稿されて、評価が下がってしまった〟などもよく耳にします。

この数字は確かに集客にも直結する時代であるからこそ、無視するわけにもいかないものです。「毎日の営業にどれだけ注力できるのか＝すべてのお客さまに満足していただけるように努力しているか」が試されるということでもあります。その上で、数字が伸びないということであれば、施策を打っていきましょう。

＊食べログ…〝お店選びで失敗したくない人〟のためにつくられたグルメサイト。日本全国のお店を無料掲載し、実際に食事をしたユーザーによる感想や写真を口コミとして公開。それを集積し、ユーザーからは信頼できるレストランガイドとして活用されています。

見込みのお客さま獲得に「食べログ」は有効 だからこそ、点数を上げるためにできることを

04

誰でもできるメディア戦略4

認知向上に役立つツール「プレスリリース」を出してみよう！

皆さんは「プレスリリース」のことはご存知ですか？

報道機関に向けた、情報の提供・告知・発表を行うことで、かつてはＦＡＸで行われていました（まだそれも残っていますが）。

現在は、プレスリリースを中心にＰＲサービスを行う専門の会社に登録して、そこを経由してメールで一斉送信されるのが主流となっています。

普段の生活では目にする機会はあまりないものですが、サービス業の場合であれば見かけることはあるかもしれません。書店であれば、新刊情報などはプレスリリースの一つでもあります。昨今はインターネットを通じて自社サイトでプレスリリースを公開する会社が増えてきたこともあり、一般化しているように感じます。

なにしろ、世の中は常に新しいものが発売され続けています。何もしなければ話題にならないままで終わってしまうでしょう。知ってもらって初めて消費者は購買意欲をかきたてられるのです。

そして、毎日のように届けられるプレスリリースに、メディアの方々は目を光らせています。そこで目に止まったものを彼らは企画会議にかけ、それが通った場合は実際に店舗の取材という運びになります。

だからこそ、お金はかかってしまうのですが、初期投資として「PR TIMES」や「@PRESS」などのプレスリリース・ニュースリリース配信会社を利用しても良いと思います。お店のオープンの案内に限定投資し、その効果を図るという狙いです。

ただ、それに関してはオーナーの経営判断になります。予算を注ぎ込むところの判断、そういった勘所の見極めも、飲食店経営者にとっては必須の素養になるでしょう。

先に紹介した通り、私がやっているようなメディア向けの無料試食会も確かに効果はあるのですが、事前の準備や当日の労力、そしてその後に具体的な成果を得るまでに時間がかかることを間違いありません。
マスへのアプローチ方法を複数用意しておくのは、集客においては鉄則でもあります。今の時代であれば地道にＳＮＳを駆使していくというやり方も大切ですが、このプレスリリースを打っていくという方法も頭に入れておいてください。

書店に行くと「プレスリリースの書き方」についての書籍も数多く刊行されていますので、それを参考にして一度書いてみると良いでしょう。何事も初めての経験は大変なものですが、形式さえつかんでしまえば、それほど時間を取られるものではありません。

実際に、私が「自然食＆ローフード ロハス」の新メニュー紹介として流したプレスリリースの例を紹介します。

リニューアルオープンのタイミングで
実際に送付したプレスリリース

Lohas

食べログの自然食ジャンルで1位になった

自然食&ローフード ロハスが札幌狸小路に

リニューアルオープン!

食べログの自然食ジャンルで1位になった、自然食&ローフードロハスが装いも新たに3月より狸小路7丁目にリニューアルオープンをすることになりました。これまでも様々なメディアに取り上げていただきましたが海外でも話題のローフードメニューに加え、自家製麺の十割蕎麦も加わりよりメニューも充実しました！ また海外のセレブやハリウッドスターなども愛用されているスーパーフードを食材に取り入れ体の中からキレイになるメニューを取り揃えております。

自然食&ローフードロハスのオーナーシェフはアメリカのローフード専門校でローフードシェフ&インストラクターのライセンスを取得し、書籍の出版および講演活動なども行っております。

リニューアルオープンを迎えるにあたりぜひとも取材をお願いできればと存じます。何卒よろしくお願いいたします。

アクセスマップ　Access MAP

お問合せ：

自然食&ローフードロハス

〒060-0061

札幌市中央区南2条西7丁目6-1 ホテルブーゲンビリア1F

電話：011-222-5569

こういうリリースを定期的に出していくと、必然的に人目に触れる機会が高まっていきますし、メディアにフックアップしていただくチャンスも増えます。なかには「自分は露出したくない」という考えのオーナーさんもいらっしゃると思いますが、そこも方針として定めた方がいいでしょう。やはり、メディアとしては人にフォーカスしたうえで、お店やメニューの紹介というものが前提になってくるので。「人前で話すだけでも苦手な人が多いのに、ましてやメディアへの出演なんて」と思う方も、割り切って話に乗ってみるといいと思います。実際、お客さまに来てもらうためには、どんな手でも使わないといけないのですから。

ただし、メディアに掲載される場合に注意していただきたいことが一点あります。

それは「受け入れの体制」です。

登場したメディアの影響力によっては、万が一にも行列ができることもあるかもしれません。お店の周辺テナントへの影響なども考えると、そのあたりのケアを想定しておいた方がいいでしょう。シミュレーションをしておくにこしたことはありません。毎日作る量を急に増やすことなど、なかなか難しいと思うのですが、こればかりは経験を重ねていくことで対応できるようになります。

それ以上に、来店客が増えるということは、業務が忙しくなるということに他ならず、そんな場合に犯しがちなミスが、「接客時の対応に不備がある」というものです。これは気をつけないといけません。

来ていただいたお客さまからの評判を落とすようなサービスがあった場合、たとえば前節で紹介した「食べログ」のスコアを落としてしまうことにもなりますし、何よりもリピーターになってくれるチャンスを失ってしまいます。スタッフの方への通達を徹底しておいた方がいいでしょう。

なによりも、せっかくつかんだPRのチャンスです。メディアに露出するときは、その後のことまでしっかりとフォローし、対策を練った上で臨んでください。

認知向上とPRに有効なプレスツール 事前投資としても出す価値はアリ！

05

誰でもできるメディア戦略5

来店の動機は何だってOK　自身のファンを作ることは店のファンを作ること！

メディアとの付き合い方として、「自分自身が影響力を持つ」というアプローチもあります。

つまりは、自らがメディア的な存在になると言うことですね。そうすると、他のメディアに頼らなくても、発信するだけで多くの人にリーチすることができます。自分のファンを増やすということは、必然的にお店のファンを増やすことへとつながっていきます。

「そんなことができるの？」と思われた方、もちろんいきなりは誰もなれません（笑）。こればかりはコツコツと積み重ねていくしかないでしょう。

今の時代はＳＮＳ全盛期ですから、たとえばインスタグラムでフォロー数を増やしていくという手もあります。意外と飲食店でインスタグラムに力を入れている方はまだまだ少ないですが、最近は若い世代を中心に「インスタグラムで行きたいお店を探す」という方も増えているのです（海外ではすでにそれがスタンダードですが）。

ただ、こういう最新のガジェットは自分でやるよりも若いアルバイトスタッフに頼んでみるのも良いと思います。通常の時給にプラスして、１投稿あたり幾らというインセンティブを設けるのです。当たり前のように使いこなしている人たちからすれば、ユーザー受けの良い写真とハッシュタグとともに投稿してくれるはずです。

他の方法としては、実際に私が実践したもので「料理教室」があります。

単発の料理教室を定期的に実施していくことで、熱狂的なファンを増やすという草の根運動に近いアプローチですね。

これは通常の無料試食会&ワークショップの内容とは異なり、それなりの金額を設定して行うものになります。私の場合はローフード料理教室やローチョコレート教室などを実施しています。お客さまと密にコミュニケーションが取れることが狙いの一つです。

その料理教室についての告知は、無料試食会でも積極的にやってみてください。むしろ、そこに来てくださるお客さまから、「有料でも習ってみたい」と思ってくださるファンの方が増えてくるのです。

ファン層の拡大は一朝一夕にしてなるものではないのです。

とはいえ、よっぽどの資金を用意していない限りは、莫大な宣伝費を事前にかけられるものではないのも事実です。そういうものは可能な限り少ないにこしたことはないと思っていらっしゃるかもしれません。

それでも、必ず作っていただきたいものが「ショップカード」です。お店に来た人が持って帰ってくれるもので、時にはそれを誰かに渡してくれることでしょう。それだけでも口コミによる宣伝効果が期待できるわけですが、私はそこに「収集」という側面を付け足しました。

通常は店名（お店のロゴ）、住所、営業時間、定休日といった基本情報だけで構成されているショップカードですが、私はそこに自分の名前を記載するスペースを設けました。

左下に名前を記載するスペースのある
ショップカード

そして、できあがったものにお客さまが直筆で名前を書いていただきます。そのサイン入りのショップカードは、3枚集めることで料理教室に無料でご招待するという仕組みです。要するに紹介制度の一端です。

これをはじめた結果、お客さままでショップカードを一気に3枚持っていかれる方が増えました。中には料理教室に3人で来られる方もいらっしゃって（紹介された一人は無料になるわけなので）。

ショップカードという当たり前のように作る宣伝物に対して、違った角度の価値をプラスする。私の場合は、それを料理教室と連動させることで、生徒の増大へとつなげる試みを行ったのです。

他にもショップカードの使い道はあります。自店舗で設定しているペルソナ（想定のお客さま層）が行きそうなお店に足を運んで、そこに置いていただくのです。その代わりに、そこのお店のショップカードを自店舗に置かせてもらうという取引ですね。

それは飲食店である必要はありません。そのペルソナが行きそうなすべての場所が対象になります。たとえば私たちの「自然食&ローフード ロハス」であれば、ヨガスタジオは当然該当するでしょうし、他にも自然派のエステサロンなどもそうでしょう。エステで体の外側からキレイになるだけでなく、ローフードを食べることで体の内側からキレイになっていただくのです。

そういう形でつながりが生まれた場合、お互いに自然と「一緒にコラボレーションはできませんか？」と関係性が発展していくことがあります。

「ヨガ＋ローフード」や「エステ＋ローフード」という形式なわけですが、もともと親和性の高いところを狙ってアプローチをしているわけですので、お互いにコラボレーションのイメージを共有しやすいというメリットがあります。

両店舗共通のチケットを用意して、どちらも行くと特製のプレゼントがもらえるとか、工夫を凝らすことで、新しいお客さまを獲得することができます。

これはエリアによって異なる場合もありますが、サービス業はどこも厳しい時代ですので、「持ちつ持たれつ」という関係が成り立ちやすい状況になっています。ニッチな飲食店舗間のネットワーク構築、そのエリアのすべての店舗間の支え合いの関係などがあります。

現代とは、他者を蹴落としていくマインドは時代遅れになりつつあります。それは飲食店もそうです。連帯しながら、みんなが長く商売を続けていけるようになってもらいたいものです。

自分自身の価値を少しでも高めることは必ずお店へのフィードバックにもなる！

第4章

どんなジャンルでも通用する飲食店経営に必須のノウハウ

飲食店の経営は、異業種から飛び込む方が多いのも事実です。かくいう私もその一人に他なりません。長年の夢を叶えるために、多くのものを捨て去り、はじめたお店。

それを維持しつつ成長していくためには、事業計画書や資金調達のことも知っておく必要があります。さらに、お店を続けるという選択肢のために、大きな決断をくだす必要もあるでしょう。

あなたがどのようなお店をつくっていくにしろ、飲食店経営に必須のノウハウを身につけることは欠かせません。

この章は、うまくいかないことや立ち止まらざるを得ないときに、いつも胸にとどめておいてほしいメッセージを集めました。

01 事業計画は細部へのこだわりが鍵！

メディアとの付き合い方を通して、集客やマーケティング、そして自分自身のスキルの問題について私なりの見解を述べてきました。ここからは、最後の落とし穴「事業計画」についてその必要性と対策法を紹介していきます。

その前に、事業計画の考案に必須となる「中長期的なスパンでの思考」を身につけるために、幾つかの事象と例をもとに考えていきましょう。

日本という国で飲食業を継続していくためには、年間を通じて実施される「イベント」を無視することはできません。世の中は毎月様々なイベントで溢れているので、それに乗らない手はないのです。もちろん独自となるオリジナリティある企画も重要ですが、世の中の動きと合わせた年間の事業計画を書いておくと、企画力の向上にもつながっていきます。

それこそ、「企画とはお店が単調にならないための配慮」であると言えるのです。考えてもみてください。週一日を定休日にしたとしても、営業日は月平均で25日程度。長期のお休みを取らないと仮定して、それを1年間続けてみましょう。そうすると、300日に到達します。

300日もお店を開けるということは、ある程度単調になってしまうのも仕方のないことです。それはある意味で飲食店が「お仕事」になってしまうことを防ぐための施策でもあるのです。

来てくださった方がいつも新鮮な気持ちで帰っていただきたい。サービスやお料理を通し、その気持ちを抱いていただく努力は当然必要です。それを具現化してくれるものが「イベント」との連動でもあるのです。

たとえば、1月はお正月からはじまりますが、休みの人が多いために外食産業はこの時期は儲からないと言われています。一方でお正月明けというものは、みなさんが同じような悩みを抱えています。食べてゴロゴロするなど寝正月を過ごしてしまい、体重が増えてしまったというものです。

その際には、正月明けにやってくる「春の七草」がありますから、七草粥などやさしいメニューを打ち出してダイエット的な要素を取り入れてみるなどもいいでしょう。

2月は当然バレンタインデーがあります。一年の中で一番スイーツを強化したいタイミングです。その準備は本番一ヶ月前の1月中旬からはじめるくらいでちょうどいいのですが、近年の「自然食&ローフード　ロハス」では、七草粥からの流れで「お正月の間に太った体をデトックス」ということで、ダイエットにまつわる企画も同時期に展開しています。それとチョコレートに関係するメニュー（当店であればローチョコレートが主軸です）という企画の二本柱を打ち出しています。

2月になれば3月のホワイトデーの準備もありますし、それが過ぎればお花見企画もそうですね（私たちのお店のある北海道は、花見のピークが例年は5月上旬になりますが）。さらに、4月から新しく社会人になる人や、進学をする人などフレッシュな方々に対して、「気持ちを新たに体もスッキリして春を迎えませんか？」といったアプローチを行っているわけですが、ここでもダイエットにまつわる企画を用意しています。

日本人の心理として、〝年度の変わり目〟はそれまでの自分からの脱皮をはかりたいと考える傾向にあります。その変身願望への刺激として、ダイエット企画は効果てきめんです。

そして、4月に突入するときたるべきゴールデンウィークに向けての企画と、それが終わった後すぐにやってくる母の日の企画を同時に進めていきます。さらに、「長期の休みがある＝レジャーが続く＝どうしても体重が増えてしまう」ということは、これまたダイエット企画が効果を発揮してくれます。

このように、日本では毎月なにがしかのモニュメンタルなイベントの日が設定されていて、それを軸に動いていると言っても過言ではありません。これはまさに大きな渦のようなもので、世の中の動きと違うことをやるのは悪手でしかありません（コンビニのように〝夏なのにおでん〟というアプローチもありますが……）。

これは傘を売るのと同じ原理です。雨が降り出すと、傘は黙っていても飛ぶように売れていきます。しかし、雨が降っていない状況で傘を売るためにはエネルギーがものすごく必要になるのは理解していただけると思います。

小売業に限らず飲食業も本質的にはこれと同じです。人々が求めているものには、簡単にお金を出してくれるし、そのために長時間並ぶということすら厭わないのが日本人の性質であるというわけです。

飲食店をやる場合でも、人々のニーズに合わせて集客をかけていく、積極的に年間のイベントという渦の中に飛び込んでいくことで、お客さんの目に止まり、店へと足を向けてもらうようにした方がいいのです。集客のためには、店舗で実施する企画を欠かしてはいけません。

【年間イベント計画例】

1月	お正月・お正月明けのダイエット
2月	バレンタインデー
3月	ホワイトデー・卒業式
4月	入学式・新社会人
5月	ゴールデンウィーク・母の日・夏に向けてのダイエット
6月	父の日・夏に向けてのダイエット
7月	夏休み・ダイエット・夏のボーナス・お中元
8月	お盆・夏休み・ダイエット
9月	敬老の日
10月	体育の日・ハロウィン
11月	勤労感謝の日・サンクスギビング・冬のボーナス・お歳暮
12月	クリスマス・年末年始企画

イベントは毎月積極的に実施すること！
一見さんの足を止めさせて未来の常連へ

02 ブームやトレンドの波に乗りながら、基本を押さえていく

これまで、私たちの主戦場である自然食業界では様々なムーブメントが起こってきましたが、その最大のものは２０１４年に日本中を席巻した「**スーパーフード**」のブームではないでしょうか。

その時に実際に起こったトピックを例に出しながら、世の中のトレンドに敏感になることの大切さをお伝えします。

今から5年前のことなので、まだ記憶にある方も多いはず。

あれは２０１４年5月のことでした。公共放送の朝のテレビ番組にて、「アルツハイマーには**ココナッツオイル**がいい」という特集が放送されたのです。

その当時、まだココナッツオイルを取り扱っている店舗は限られていたこともあり、まさに購入するには争奪戦の様相。その熱狂は全国に波及し、私たちのお店に

もたくさんの問い合わせがありました。

「いよいよ日本にもスーパーフードブームがやって来るのか⁉」

そして予想通り、ココナッツオイルの後は、チアシード、キヌア、えごま油を筆頭に、様々な食材がテレビや雑誌メディアで取り上げられ、その度に飛ぶように売れていく現象が起こったのです。そういうブームが起こった時は、黙っていてもお客さんが来てくださるものです。

私たちのお店に、地元テレビ局から出演オファーがあったのもその頃でした。前章で紹介した通り、北海道のメディアと良好な関係を築いていたこともあり、スタッフは「スーパーフードならロハスさんに聞くのが一番！」と判断してくださったのです。

その放送局からのオファーは、「ロハスからの生中継でスーパーフードを使ったメニューを紹介する」というもの。私たちがそこで紹介したのは「チアシードを使ったロースイーツ」と「ココナッツオイルを使ったカレー蕎麦」でした。後者はお店にもともとあったメニューをアレンジしたものです。

当時はまだスーパーフードを使用したメニューを出すお店はなかったこともあり、放送を見て多くの新規のお客さまが来てくださいました。

まさにブームが起こった真っ最中ですから、ともするとそのスーパーフードメニューばかりに注力してしまいそうになりますが、経営者が心がける点としては「リピーターをつくり、常連客になってもらう」ことに他なりません。

ブームに連動したメディア露出は、まさに入り口（「フロントエンド」）です。最初はそこで紹介されたメニューを注文されると思いますが、それ以外のメニューを頼みたいと思わせられるかどうか、そこは経営者の手腕の見せどころ。

私たちが食べてほしい「バックエンド」となるメニューをどれだけ用意できるかどうか、その点にかかっているでしょう。

往々にして、メディア露出がきっかけで来られるお客様は、お一人よりも複数人で来店されることが多いです。その際には、「一人はメディアで紹介されたものを、他の方はそれ以外のものを注文される」というケースが頻出しています。

つまり、フロントエンドとバックエンドのメニューの同時注文。

そこで効いてくるのが、セットメニューが充実しているかどうかです。

私が当時メディアで紹介した「スーパーフードと蕎麦とロースイーツを同時に味わえるセット」だけでなく、「酵素玄米のついたボリューミーなセット」を用意しました。

メニュー名もこだわって、その時々にあったネーミングにするとキャッチーさがプラスされます。前者ならば「スーパーフードセット」であり、後者ならば「アンチエイジングセット」という名称です。

〝その時々〟ですから、これは先ほど紹介した「年間のイベント」と密接に関係しています。ダイエットにまつわるネーミングや、美容と関連したもの、その時々のシーズンに応じたキャッチーなもの。一からメニュー構成を考えると大変ですが、基軸となるものを作ることでバリエーションが一気に増えていきますし、そのメニューを年間通して展開することができれば、お店にとって一本の軸ができたことになります。

ブームの波が起こった時は、それに乗って新規のお客さまを獲得するチャンスでもありますし、そこから入ってくる方に対して「これは毎日でも食べてみたい」と思わせられるかどうかが鍵を握っています。

＊**スーパーフード**…栄養バランスにすぐれているだけでなく、多種類の体にいい有効成分や、特定の有効成分を突出して多く含んでいる食品であったり、それを摂るだけで不足しがちな栄養素を補うことができる食品のこと。

＊**ココナッツオイル**…ココヤシの実から抽出したオイル。フィリピン、タイ、スリランカなどが産地。脳や筋肉のエネルギーになる中鎖脂肪酸が豊富に含まれ、免疫力アップや認知症対策にもなる。

ブームの波を乗りこなそう！
「毎日食べたいもの」を用意することが秘訣

03 資金調達の必須項目！数字について考えよう

ここからは具体的に事業計画の立案方法についてご紹介していきます。

事業計画立案のコアとなるのは、「1日の売り上げ」「月間の売上」の目標を立てること。

そして、141ページで紹介したようなその時々に実施するイベントに合わせてどれくらいの集客と売り上げを見込むか予測を立てるのです。

これらの数字を算出することで、事業計画の準備が可能となります。もちろん、それらの数字は厳密なものでなくても構いません。あくまでも目標として設定しておくものです。これが功を奏してくるのが「資金調達」です。

私自身も最初は銀行から融資を受け、「ロハス」をスタートさせました。その資金調達を行うためには、年間計画書が必要になってくるからです。

その時になって慌ただしく作成するよりは、あらかじめ作っておくことをおすすめします。数字に慣れていない方にとってはハードルが高いように感じるかもしれませんが、数字って本当に面白いものなのです。ある程度は数字の目標を持っていなければ、それに近づけることさえできません。一方で、具体的な数字の目標があれば、自然とそこに近づいていくことができるのです。

そして資金を融資してくれる側の人たち、役人や銀行員の大半は、融資の可否を決定する際には数字しか見ていません。

非常にシビアにチェックしてきますし、細かいところに至るまで指摘を受けます。それを上手く乗り越えた先に融資を受けられるのですが、私のケースを正直に申し上げると、５００万円が最初に受けた融資金額になります。

それとは別に、最低限の売り上げが立たなければ家賃すら払えなくなりますし（自宅兼店舗の方は別として)、従業員やアルバイトの給与支払いが滞るなどが起こってしまえば、すぐにお店を閉めることになってしまうことでしょう。

だからこそ、お店のオープン前からお金については細かく考えておかないといけないのです。どれくらいの収入や必須となるランニングコストが予想されるのか、半年間の企画でどれくらいの収入が見込めるのか。それらの予想を立てておく必要があります。

お客さまの動きを見込んでこういう予測を立てることは、決して簡単なものではありません。イベントを実施する日から逆算して、余裕を持って準備をしておかないと、チャンスとタイミングを逃してしまう恐れがあります。それらを逃してしまうと、せっかくの企画が水の泡。

最初からすべてがうまく行くことは難しいかもしれませんが、頭で理解するだけではなく、年間のリズムというものを感覚として叩き込まないといけないのです。ただでさえ、飲食店は仕込みや日々の業務に追われてしまいがちになるので、イベント企画を当然当たり前のものとしていかないと、共倒れになってしまいます。

普通のお店でもそうなのですから、ニッチなジャンルのお店はそれ以上に大変です。厳しい言い方かもしれませんが、ニッチなジャンルの飲食店が長続きするケースはレアなものなのです。

店舗研究として、この日本にそのジャンルでどんなお店があるのか事前に当然調べていらっしゃると思いますが、予想以上に長く続いているお店が少ないことに驚かれているのではないでしょうか?

年間のイベントがピンとこないという方は、最寄りのコンビニへ出かけてみてください。その時々で必ず何かの行事と連動したイベントをやっているはずですから。

コンビニはイベントの棚などの装飾やデザインもよくできていると思います。そのデザインや実施するタイミングを参考にしてお店に取り入れるのが、一番の最短ルートだと私は思います。

なによりコンビニは、トレンドの取り入れ方も早いですね。たとえば、ファミリーマートは２０１６年に「RIZAP」とのコラボレーションをスタートしています。さらに、それを受けてローソンが「ローカーボ」に着眼し、商品展開をはじめています。今ではどちらも定番として商品棚のスペースに並べられています。

ナチュラルなジャンルのお店で勝負を賭けようとしている方にとっては、「コンビニなんて関係ない」と思われるかもしれません。しかし、ヘルシーな領域であってもコンビニの動きはもはや無視することができないところまで来ているのです。近年の「サラダチキン」のブームは、まさにコンビニが火付け役であるわけで、ジャンク一辺倒からの脱却をはかろうとしているコンビニは、ニッチなジャンルの飲食店にとっても研究対象となり得るのです。

ニッチなジャンルのお客さまの中には、そのジャンルだけを大事にしている方が多いのは間違いありません。しかし、繰り返しになりますが、その方々だけのことを考えていたら、せっかくのお店もすぐに閉めなくてはならなくなるでしょう。新規のお客さまを獲得できないということにあるのですから。オーナーが初心に抱いた意志を貫きながら、しっかりとマスを見据えましょう。

＊RIZAP…「結果にコミットする」というフレーズが話題を集めた、ダイエットを主目的とするトレーニングジムや運営会社のこと。食事制限の厳しさなどでも知られています。

＊ローカーボ…糖質（糖・炭水化物）を制限した食事や、それをもとにした食事法のこと。低糖質食や糖質制限食とも言われています。糖尿病とその予備群の方々やダイエット目的で実践する人が増えています。

具体的な数字の目標を設定する 理想とするお店に近づく第一歩

04 はじめる前に知っておきたいお客さまのカテゴリーとは

お店にまで来ていただき、お金を払ってくださるお客さまについて、みなさんはどこまで具体的にイメージをされていますか？

私の経験則では、大きくカテゴライズした場合、次のようになると考えています（もちろん、お客さまをカテゴライズすることは失礼なことですが、話の便宜上その前提で進めさせていただきます）。

1 （自身のお店のフードジャンルを）ストイックに実践しているお客さま
2 完全に極めているお客さま
3 お店に来ていただけるかもしれない見込みのお客さま
4 お店にくるかどうかは不確定なお客さま

5　たまたま来店されたお客さま

ニッチなフードジャンルの飲食店経営者は、未来のお客さまである「3 見込みのお客さま」に目を向ける必要があります。

彼ら彼女らは言ってしまうと「ファンの予備軍」です。

常に彼らにしっかりと目を向けた施策を打っていかないといけません。そのためには、3のお客さまのために向けた「入口」（フロントエンド）を用意したいところです。その一方で、1と2のお客さまに向けたものも同時に提案していかないといけないのです。

とはいえ、4や5のお客さまにもいろんなタイプがいらっしゃいます。

お店に来店されたとしても、ただメニューリストを見ているだけの方。そういう方は、健康にも食にもとりたてて関心がなく、たとえばお店の近くで働いているという地縁程度のつながりで、たまたまお店にこられたという流れが大半です。

ファン予備軍の見込みのお客さまは、すでに健康や食に関心があり、何かを購入して試しているという方が該当します。

自分でお金を払って実践している方は、お店に来ていただいてからリピーターになってくださる可能性が高いと言うことに他なりません。

ファンの一歩手前からファンになっていく。そのアプローチができるような機会を積極的に設けていきましょう。

お客さまと一緒にお店が成長していくストーリーが描ければ、長く続けていくことができるはずです。

お店がお客さまと伴走していくということですが、店主の魅力やカリスマ性でそれを実現しているところもあれば、綿密に計画を立てて自然な流れでファンを増やしていく形だってあるのです。

お店のストーリーは常にお客さまとともに描いていくことを忘れないでください。あなたの味方を増やしていくために、力を注いでください。

お客さまと紡ぐストーリー
ファン化が生き延びるための絶対条件

05 リアルとバーチャルの共通点 それは「おもてなし」

見込みのお客さまを獲得することの重要性については何度も繰り返しお伝えしてきましたが、逆に言えば、そういった方々はいつも何かのきっかけを求めていらっしゃると言えるのです。

「お店のファン」になっていただくためには、そのきっかけがどのようなものなのかがとても重要です。

見込みから新規のお客さまへ、そしてリピーターのお客さまへ。最終的には常連のお客さまへ。このようにつながっていけば、新しいお客さまは次々入ってきてくださいます。

リピート客60%　新規40%

一つの飲食店を構成するお客さまの割合は、このように言われています。だからこそ、新規を常に開拓していくことが求められます。

実は、この数値は通販業界も同じなのです。それだけの数のリピートのお客さまがいないと、そのお店は残念ながら閉店せざるを得なくなるのです。その上で、新規40％の獲得は確かにハードルが高いものですが、あの手この手で実現していかないといけません。

このように、リアル店舗である飲食店とバーチャル店舗である通販ショップでは、意外と共通する部分が多いです。それは「おもてなし」の部分であり、すなわちリピートしてもらうための配慮というわけです。

だからこそ、最初の飲食店が成功したという方には、次なる選択肢として、2店舗目の出店だけでなく「オンラインの通販ショップ」を立ち上げるということをおすすめしています。

通販業界でも、年間1位を獲得するようなお店は、やはり他店とは差異化された打ち出し方をしています。それらのすべてが徹底して「リピーターになる」ために行われているのです。

私自身の例を出すと、カフェのオープンから2年後に、ローフードやスーパーフード、オーガニック食材のオンライン通販ショップ「LOHAS」を開店させました。現在では、自社ECサイトと楽天市場店があり、さらに卸やOEMなども承っています。

楽天市場では、かつて私たちのお店は1位を獲得したことがあります。ありがたいことに、日本のローフードジャンルのお店ではずっと1位です。

殊更そのために特別な何かをやっているわけではありません。リアル店舗の経営において培ってきたことを通販に応用しているだけで、基本的には人を呼ぶために行っていることは、リアル店舗も通販も同じ原理なのです。

常に思考の中心に「新規のお客さまの増やし方」を置き、考えるクセをつけるようにしてください。

リピーターを増やすためには、新規客を絶えず獲得し続けよう!

06 経営者に求められる判断力 その重要性とは!?

私たちの通販ショップが楽天市場で1位を獲得したことがあるとお伝えしましたが、いくらニッチなジャンルでのこととはいえ、それを実現させることやその順位を維持し続けることは容易ではありません。

さまざまな企画を展開し、そのトライ&エラーを繰り返しながら、どういった内容がお客さまに響いたのかを分析してきた結果、その順位を獲得できたのです。

日本コカ・コーラ株式会社を例に出すとわかりやすいですが、「コカ・コーラ」という柱の商品はあれども、それがずっと売れ続けるとは限りません。ライバルのペプシも強力ですし、それ以外にも類似商品は次から次へと出てきます。

ですので、それ以外の商品展開を増やし、それぞれのブランドを育てていくわけです。コーヒーなら「ジョージア」であり、お茶なら「綾鷹」や「爽健美茶」、スポーツドリンクなら「アクエリアス」など。さらには本国で買収・子会社化された「ミニッツメイド」など。

飲食業界も通販業界も同じで、1位を獲得したからといってずっと続くわけではありません。その栄華は保障されたものではないのです。

常連やリピーター、見込みのお客さまのニーズに応えるためにも、常にアンテナを張り巡らせて世の中の動向を敏感にキャッチしていく。

飲食店でひとつのメニューが人気になったとしても、その商品だけでずっと生き延びることなどできないのです。通販でもしかりです。そのため、新しいメニューや商品を常に考案し、どんなタイミングで提供していくのかを考えなければならないのです。

再び大手企業を例に出しますと、味噌で有名なマルコメが打った手はとても的確なものでした。

マルコメは、さまざまな技術開発で味噌業界を牽引し、70年代後半には業界トップの位置を確固たるものにしました。

しかし、ライバルの躍進もあり、勢いにかげりが見え始めそうになったタイミングで、業界で初めて「だし入り味噌」を販売したり、フリーズドライ製法による固形味噌汁を発売したり、二の矢・三の矢を用意して、業績を回復させたのです。

そして時は流れて現代、マルコメを支える看板商品は、実は味噌ではありません。何かおわかりですか？　実は、味噌で培った発酵の技術を生かし、甘酒などの「糀製品」にそれらを注力することで、新たな柱を作り出したのです。

さらに、キャンペーン広告では２０１７年にトップモデルのミランダ・カーを起用し、女性の美しさをサポートする企業としての打ち出し方をしています。

マルコメは、江戸時代の安政元年に創業された老舗ですから、この方向性に舵を切った経営者の判断は相当のものがあったと思います。なにしろ、160年以上に渡って味噌の看板を背負ってきているわけですからね。

マルコメでは、だし入りの味噌を大きく展開する際には、大半の社員から反対されたそうですが、「反対が圧倒的だからこそやる！」という決断を社長が下したことは武勇伝として語り継がれています。

だし入り味噌についての是非はともかく、これは本当に英断だと私も思います。

そのジャッジをするのは経営者なのですから、常にシビアな経営判断を求められます。みなさんも一国一城の主であれば、自分自身で毎回決断していかなくてはいけません。たとえば、「お客さまがだんだん減ってきた」というタイミングでは、ある程度は大胆な決断も必要となってくるのです。

「人々が求めているもの」を見極め、分析し、大きな判断をくだす。その際に大切になるのは、自分が今までやってきた経験でそれなりの技術が培われているわけですから、それを活かすための方向で実施するということ。味噌という発酵食品の技術を、時代の流れを読むことで、「女性の美」に貢献するために「甘酒」という領域を開拓したマルコメのように。

時代の流れを読みながら経験を活かし
時に大胆な経営判断を下せるようになろう

07 自分のこだわりが自分の首を絞める!? 船を沈ませないために必要なこと

私のお店は、ローフード専門店「ローフードカフェ ロハス」として出発したことは何度も繰り返してきました。

さまざまな企画を展開し、イベントや料理教室を開催したりするなどしていましたが、当然ながらすべてはローフードがらみの内容だったのです。

結果として、それなりにお客さまが来てくださっていましたが、「このままでは経営が成り立たない！ 長く続くお店にはならない！」という危機感のようなものがずっとありました。やはり、「最初からローフードを食べられない」という人はそれなりにいらっしゃいますので。

そこで、当時のスタッフも交えて徹底的に改善案を出しあうブレストを行ったのです。結論はとてもシンプルなもので、自らの趣味性と北海道という土地の特性を活かす方向性を取り入れることになりました。

私自身がローフード以外にも「蕎麦」が大好物であるという点、そして北海道が蕎麦粉の一大産地であるという点。地元の蕎麦粉で「十割蕎麦」を作って、それをフロントエンド（入口）としてローフードメニューを味わってもらおうというプランを立てたのです。健康志向の人は、うどんはともかく蕎麦は食べる方は多いですから。だからこそ、蕎麦とローフードがセットになっているメニューを作りました。

現在の「自然食＆ローフード　ロハス」の外観

これは、まさにロハスにとって大きな経営の転換期になったと断言できるでしょう。ローフードオンリーで店舗経営をスタートさせてから、４年目の出来事でした。

当初は希望的観測もあって、「隠れ家的なお店としてリピートしてくださるファンができればいいな」という想いがあったのですが、早々に現実を知ることになります。「隠れ家的にやろうとしても隠れたままで終わってしまう」ということに。なんとか誘導するべく、看板を様々出してはみたものの、結果には結び付きません。途方に暮れかけていた時に、今の場所が空いたことを受け、一念発起して移転してリスタートしたのです。

蕎麦とローフードのセットメニューは、その際のリニューアルの目玉となりました。

そして、これも実際に営業をしてわかったのですが、札幌というエリアで「ローフード」というスタイルを貫き通すのは、非常にハードルが高いものでした。そもそも「ローフードって何？」というところからはじまるわけですので、それだけを伝えることに限界を感じるようになりました。

おかげさまでテレビに取り上げていただく機

実際に「自然食＆ローフード　ロハス」で提供しているメニュー

会もそれなりに多かったのですが、いずれもがローフードの内容について紹介するテーマばかり。街頭インタビューでローフードについて訊いてみても、「え？ スローフードですか？」と聞き返される始末。「もっと間口を広げよう」と決意するまでに時間はかかりませんでした。

こうして、私たちは「自然食&ローフード ロハス」と店名も変更して再出発を果たしました。移転を機に、店舗名に「自然食」というキーワードをプラスしたのも理由がありました。

その言葉がかなり一般的になっていたからでもありますが、「自然食＝身体によさそう」というイメージを持ってもらえると判断したからです。

結果的には、導入した蕎麦のメニューとこの言葉によって、来ていただくお客様の層はだいぶ変化していきました。

具体的に変化したのはお客様の年齢層です。それまでのローフード専門店時代に来てくださっていた、ローフード好きのリピーターの方はそのままに、お店の近所にお住いの高齢者の方々がお見えになるようになりました。それ以外にも、健康に対して高い意識を持った方々が普通に来てくださるようになったのが大きな変化です。新規のお客さまは、まずフロントエンドである蕎麦を注文され、次回以降にバックエンドであるローフードメニューを頼んでくださるのが特長です。

当初のプランやコンセプトに拘泥はNO！ リスタートはスタッフの意見もしっかり取り入れて

08 もう、続けられない……迷った時は初心に帰ろう

飲食店をはじめる人は、みんなそれぞれ大志を抱き、夢を持っています。

「お店を通してこういったことを実現したい」
「来てくださる人を幸せにしたい」
「自分が提供する料理で誰かの笑顔を引き出したい」

夢や理想を描いてスタートするのですが、時の流れはとても残酷なものであり、時は私たちから色んなものを奪っていきます。そういった夢や理想もそのうちの一つです。

お店をはじめるとわかるのですが、日々の業務は膨大にあります。営業時間前は

店内の清掃、料理の仕込みなど。営業が終了してもお金の計算や新メニューの試作・研究や仕掛けるイベントの準備など。まさに、忙殺されるくらいにあるのです。

そういった日々の業務に追われていると、必ずと言っていいほど「迷い」が生じてきます。これは私自身もそうでした。間違いなく〝飲食店あるある〟なのだと思います。

「私、何をやってるのだろう」
「なんでこういうことをしているのだろう」
「これは私が本当にやりたかったことなの？」

最初のうちはお客さまがわざわざお店に足を運んでくださって、自分の料理を味わってくれるだけで満足して、彼らの健康に貢献できると思っていたけれど、やらなくてはいけないタスクの多さに翻弄されているうちに、最初に抱いていた想いや志を見失ってしまうのです。

ハードな毎日を過ごしていると体力は消耗していくし、さらに追い打ちをかけるように、思うような売り上げがついてこないとなると、「一体何をやっているんだろう……」と感じてしまうのも当然の話です。

そんな時に「迷い」や「葛藤」は生じるのです。それは「このまま続けていいのかな？」という思いとともにやってきます。

私が皆さんに伝えられるものは、「自分がなぜ今のお店をはじめたのか」という初心に立ち戻ってほしいということ。人生の岐路となった出発点で、あなたが感じていたこと、その想いを再確認してみましょう。

その折り合いがつけられない人、整理がつけられない人は、その迷いをきっかけとして店を畳んでしまいます。糸が切れたように「もうダメだ……」と。

それも仕方のない話だと私もよくわかります。成功する人、うまくいく人というのは、初心を決して忘れない、その気持ちをすぐに取り戻すことができるのだと思います。

かくいう私自身の分岐点も、移転&リニューアルを行う直前にありました。「自分は何をやっているのだろうか……」という自問の日々。外資系企業で働き、その会社でもそれなりのポジションについていて、年間の海外出張も多く、そうなると細かい雑務などは自分でやる必要もなくなっていました。それが、お店をはじめてからは皿洗いやトイレ掃除、床掃除から食材の仕入れに至るまですべてを自分の手でやることになったのです。

仕入れのためにスーパーと自然食品店をはしごしたりしていると、ふと我に返る瞬間があるわけです。会社員を続けていれば、毎月ある程度の収入が安定して入ってくるのに、自営業となると入ってくるお金も不安定で、さらに肉体労働も含めて細かい作業までこなさなければいけない。我ながらなんという格差だろうと唖然としたことは、一度や二度ではありません。

お店をはじめる友人にも、必ず伝えていることがあります。

「自分でしっかりやっていくという強い想いがなければ、続けていくのは難しいですよ」と。

それを伝えた人の大半が、「私も直面しています。もうこれ以上続けられないかもしれない……」と弱音を吐いたり、実際に閉店してしまったりしています。

飲食業とは、中途半端な気持ちでは続けることができない職種であると言えるでしょう。最初に自分の中に芽生え、膨らんでいった「志」をいつまでも持ち続けていないと、お店を継続していくことは難しいのです。あなたはそれを持ち続けることができますか？

「迷い」や「葛藤」は必ず生じるもの
それを克服するのは「初心」と「志」

09 飲食店は根性論!? オーナーとして大切なこと

飲食店オーナーに必要なものとは、やはり「メンタルの強さ」です。落とし穴1で紹介したとおり、真っ先にあなたを落としにかかるのもメンタルの問題なのです。

とりわけ、「お金」のことに耐えられるメンタルはとても大切なものであり、ある意味で素質が求められるものはこの要素ではないでしょうか。

たとえば、営業職の中には「トップセールスパーソン」と呼ばれる人たちがいます。それでも、彼ら彼女らは順風満帆な営業街道を歩んだ結果、そのポジションにたどり着いた選ばれし人間というわけではないのです。

そこに至るまでの間に、何度となく行く手に壁が立ちはだかり、それにぶつかっては心にダメージを負いながらも、自らの手で乗り越えることを繰り返してきたのです。

壁を前にした時の彼ら彼女らのマインドは、往々にして「他のセールスマンは何をやってこれを乗り越えてきたのか」を探すことに切り替わります。そのままでは失敗してしまうからこそ改善しなくてはいけないことを、独り善がりなやり方を追求するのではなく、他者の成功例に学ぼうとしているわけです。

トップセールスパーソンに備わった長所として「メンタルの強さ」がしばしば挙げられますが、壁にぶつかったときに即座にマインドを切り替えられるところなどを「メンタルが強い」と思ってしまいます。

このことは、何もセールスパーソンの世界に限ったことではありません。

私たちが日々戦っている飲食店も同様です。

お店に一人でも多くの人に来ていただくために、メンタルが強い人は「どうしたらうまくいくのか」について常に考えを巡らせています。料理やサービス、立地条件などはもちろんですが、自分とは異なるジャンルの飲食店が成功した理由までリサーチして改善ポイントを掘り下げていくのです。

一方、メンタルが弱い人はその逆で、「お店がうまくいかない理由」や「駄目になる理由」ばかりを無意識のうちに探してしまうのです。〝こんなはずじゃなかった〟という想いを胸に抱きながら。

両者の運命は見事にYの文字のように分岐していきます。成功のルートへ進んだメンタルの強者と、失敗のルートへ進んだメンタルの弱者。すべてを「メンタルの強弱」で語ってしまってはいけませんが、正鵠を射ている部分も多々あります。

そして、今のご時勢にこんな表現は身も蓋もないのは承知のうえですが、飲食店ほど根性がなければできないものはないのではないでしょうか。「精神論なの？」と訝しく思われてしまうのは承知のうえで、それなくしては継続できないと断言します。

飲食店を成功にまで導く人というのは、駄目になりそうになったらすぐさま目標を立て直して軌道修正していきます。その計画は何度だって立て直します。すべては「メンタルの強さ」に裏打ちされた実行力と遂行力、臨機応変な柔軟性によるものです。

彼らは、もしかしたら「自分が経営を失敗する」という将来の図すら想像したことがないのかもしれません。

うまくいくために必須のメンタル 鋼にするかはあなたの考え方次第

第5章

すべての飲食店ビジネスは「サステナブル」を目指す!

私が最も皆さんに伝えたいことは、未来をつくっていくために経営者が心がけていただきたい意志についてです。

それこそは「持続可能（サステナブル）」な経営です。

世界中でそれを目指して会社を営む人が多い中で、日本においてはむしろ退行している印象すら受けます。飲食店でもそれは同じです。目先の収益を確保できればいい、利用者がどう思おうと関係ない。

そんな横暴なビジネスは、数年前と比較しても減少よりも増加していると感じています。

この本を読んだすべての人が、サステナブルなビジネスを目指し、成功してほしい。そんな思いを込めて、この章をお届けします。

01 未来をつくっていくのはサステナブルなビジネス

本章では、私が感じるこれからの飲食店ビジネスの未来についてお伝えしていきたいと思います。それは私が目指すものではありますが、間違いなくニッチなフードジャンルのお店を営もうと思っている方にとっても共有するものでもあります。

そして、令和の時代においてフードビジネスに参入するすべての人にとって目指してもらいたい意識なのです。それは食のジャンルなど関係なく、です。

飲食店を営むということは、すなわち事業を興すということに他なりません。これを読んでくださっている皆さんが、個人事業主として飲食店をはじめるのか、はたまた会社の一事業として新たに店舗責任者として命じられたのか。

どちらにしろ、飲食店であろうとそれ以外のお店であろうと、設立した会社であろうと、「経営」に最も求められるものこそ「持続可能（サステナブル）」であるということです。それはすなわち、人々が多様性と生産性を期限なく継続できる能力を発揮しながら、組織として持続可能な発展を遂げていくことを目指すということです。

それができてこそ、本当の経営と言えるでしょう。

今であればタピオカミルクティーがブームになっていて、それに便乗するようにたくさんの店舗が全国各地に誕生していますが、サステナブルとは対極にあるビジネスであると断言できます。

目先のお金を追いかけ、初期投資だけ行って、ブームが終わるまでお金を稼ぐ。そして、それが終息したらお店を畳んで撤退する。そんな短期決戦の飲食店経営はサステナブルではあり得ないのです。

だからこそ、いかにして安定した経営を行っていくかに力を注いでいく必要があり、そのことを常に考えていかないといけません。

これまでも書いてきたように、新規のお客さまを獲得してはリピートのお客さまを作り、ある程度の常連客を確保したうえでさらに新規を探していく。そのサイクルを成立させるだけでも経営は安定化していきますが、さらなる施策は考えておくに越したことはないのです。

そこで私が効果的だと考えているものが、「収入のチャネルを複数持つ」ということ。つまりは、リアル店舗にプラスしてオンライン通販のお店を立ち上げるというハイブリッド型経営です。

これは現代の日本に増えている形態でもあります。

私がこの形態に対して確信を得たのは、タルトがきっかけでした。

お店にこられたお客さまが、メニューのロータルトを召し上がって、「このタルトがホールでほしい」と仰ったのです。同様のお問い合わせは以前からいただいていました。

来店者にのみ販売するということも考えましたが、札幌とはいえ夏場はさすがに移動中に溶けてしまうこともあり、「だったら通販ルートで、クール便でお届けしよう」と準備をはじめました。

まずは「菓子製造業」の営業許可を取得し、オンラインショップのページを作成。そうしてタルトの販売から私たちの通販ビジネスがスタートしたのです。

最初は札幌周辺にお住いの、お店の常連の皆さまからのオーダー中心だったものが、すぐに全国各地から注文が入るようになり、売り上げが立つようになりました。

その結果、経営に安定をもたらしてくれたのです。そして、オンライン通販が副次的にもたらしてくれたものは、私が予想もしなかったものでした。

それは、通販で購入してくれた遠方のお客さまが、わざわざ札幌のお店まで足を運んでくださるという「通販→リアル店舗」という流れの構築。さらに、そのお客さまが口コミで自分の周りの方々に伝えてくれたという「宣伝効果」の蓄積。

これらは間違いなくリアル店舗の営業のみではできなかったことでもあります。

だからこそ、飲食店経営に余裕ができてきたならば、新たな収入チャネルの開設に取り組んでもらいたいですし、紹介したリアルとバーチャルのハイブリッド型ビジネスは、飲食店との相性が抜群であると私は考えています。

サステナブルなビジネスには、収入チャネルの複数化が必須！

02 オンラインとリアル両輪で売り上げを立てる

タルト以外にも「通販をやってみようかな」と思わせてくれる出来事がありました。

時計の針はずいぶん遡るのですが、ロービューティジャパン代表の石塚ともさんから、2008年に『ローフード 私をキレイにした不思議な食べもの』（グスコー出版）を刊行された際に、「お店を紹介させてもらえますか？」と依頼がありました。

当時、日本に存在したローフードの飲食店は、現在ニューヨークを拠点に活動をされている日本リビングフード協会代表のいとうゆきさんのお店と、私たちの「ロハス」だけでした。

その2店舗を掲載したいと、わざわざ札幌まで取材に来てくださったのです。

取材後に、石塚さんから「個人的に土門さんのお店で扱っている食材を買うことはできますか？　できれば定期的に」と訊かれました。

当時はまだローフードの食材を扱っているお店がほとんどなく、とりわけデーツなどは入手するのに皆さん苦労されていました（今では考えられない話ですが）。

その時は通販の構想など頭になく、私の答えも「そうですね……、わかりました！これくらいのお金をいただければお送りします」というもので。さらには、こういった通販での発送もやったことがなかったので、見よう見まねで原料を自宅でパッキングして発送していました。

個人的なオーダーが何度かあったのち、石塚さんからの口コミによって広がったのか、たくさんの問い合わせの電話やメールをいただくようになりました。

「石塚さんから聞いたのですが、私も購入させていただけますか？」

そんな内容ばかりでした。まだ当時の私には店舗と通販を両立させていく余裕もなく、途方に暮れていたのですが、ありがたいことに「私がやりましょうか？」とオンラインショップの管理人を申し出てくださる方が現われたのです。

さらに、発送業務についてもすべてをアウトソーシングでやってくれる会社を見つけてお願いした結果、そこからオンラインショップが広がっていきました。意外と知られていないのですが、在庫管理や発送業務もすべてを請け負ってくれる会社というのは結構あるのです。最小限の体制を整えるだけですべてが進んでいくようになりました。

それにプラスして、すでに書いた通りのタルトのオーダーもあり、安定した収入を手にすることができたというわけです。

24時間オーダーが入ってくるようになった時の高揚感は言葉になりません。さらに、私の初めての著作『まるごとそのまま野菜を食べよう ローフード・レシピ』の刊行も重なったこともあり、さらに通販の利用者が増えていきました。

当時のことを振り返ってみれば、ローフードの食材もタルトの通販も、どちらも自分から仕掛けたというわけではなく、求められたがゆえに動いてはじまったものだったのです。

「日本ではそこまでローフードが知られていなかった」からこそ、受けられた恩恵であったかもしれません。だからこそ、「需要が生まれたときにすぐに動くことができて良かった」と感じています。

おかげさまで、オンライン通販とリアル店舗は互いに相乗効果をもたらすようになっていきました。遠方の方がお店に足を運んでくださり、お店に来られた方が通販でも買い物をしてくださる。両輪を使って前へ進んでいると実感できるようになったのです。現在では、どちらも「ロハス」に欠かすことができません。

戦略ではなく、時に直感に従って動くことも必要になってくると感じたのは、まさに通販事業の立ち上げにおいてでした。

時に複数の収入チャネルは互いに相乗効果をもたらす！

03 「本当に売りたいもの」を自分で見つけてくるということ

店舗と通販が相乗効果を発揮し、経営も安定してきた頃、「ロハス」を次なるフェーズへと進ませてくれる出来事がありました。

それが、海外製品や食材の日本における総代理店としてのビジネスです。わかりやすく言えば、海外の製品を輸入して日本の取引先店舗に卸すインポーターの役割ですね。

私たちが最初に総代理店となったのは、ディハイドレーターのアメリカにおける代表的なメーカー「エクスカリバー社」の製品です。ディハイドレーターとは、日本語では〝食品乾燥機〟になります。

つまり、ローフードが規定する48℃未満の加熱で果物や野菜などさまざまなものを乾燥させる機械です。ハイパワーのブレンダーに並んで、ローフード実践者にはなくてはならない存在と言えるでしょう。

早くから日本にも入ってきていた高性能ブレンダーとは異なり、ディハイドレーターは、その当時日本国内で販売されていませんでした。

私たちのお店にもディハイドレーターが必要だったからということもありましたが、これから日本でローフードが普及していくなら間違いなく需要が高くなるだろうと見込んだので、エクスカリバー社と総代理店契約の交渉をはじめました。

●日本ではまだディハイドレーターが販売されていないため今のタイミングが一番であること。

●高性能ブレンダーを買ったローフード実践者たちが次に欲しくなるアイテムであること。

●自分たちには店舗があり実際にそれを使ったメニューを食してもらいながら販売が可能であること。

●全国のローフード実践者とのネットワークを構築していること。

これらを交渉の材料にエクスカリバー社にアピールしたのです。

もちろん、交渉を私一人で行なったわけではありません。以前から、アメリカに弁護士のパートナーがいたということもあり、その方を信頼して交渉を一任したことで、思った以上にスムーズに進んでいきました。

そして、晴れて契約が締結され、私たちが総代理店となることができたのです。

最初は私たちの通販サイトでの販売を開始したのですが、やはり待ち望んでいた人が多かったのか、全国のローフーディストからオーダーをいただきました。これがないと作ることができないメニューが多いのですが、それくらいローフードを志す人にとっては必須の機械なのです。

その流れはやがて大きなうねりとなっていきます。なんと、百貨店の高島屋全店での取り扱いが決定したのです。これはまさにターニングポイントとして挙げられるもので、これを皮切りにローフードに関心を持っている人以外からのディハイドレーターの認知も高くなり、卸業も順調に伸びていきました。

そして、必要な機械に続いて私たちが総代理店契約を交わしたのは、ローフードやスーパーフード食材です。いずれもまだ日本で手に入れるのは難しい時代だったため、ディハイドレーター同様に「お店で必要なのだし、どうせなら販売もできるようにしよう」という思いから動きました。

普通であれば、各社の公式サイトに公開されている連絡先をあたるなどのルートになるでしょうが、ここでも独自のネットワークが功を奏します。私が留学した、カリフォルニアのローフード専門学校「リビング・ライト・カリナリー・アーツ・インスティテュート」の先生に相談し、メーカーを紹介していただいたのです。

このように、ローフードの黎明期から先を見越して動いたことで、「リアル店舗」「オンライン通販」に次ぐ、「総代理店」という新たな収入チャネルを確立することができたのです。その後は、日本で初めてローチョコレート製品を輸入・販売を手がけたり、原料となるローカカオを産地から直接仕入れてショコラティエとして活躍されている方々に卸したりするなど、ご利用いただける皆さまのニーズに応えるべく、展開をしています。

現在の私にとって、「店舗」「通販」「代理店」という三種類の形態は、「サステナブルなビジネス」を追求した結果、たどり着いた一つの答えです。他にも、収入チャネルとしては講演会を行なったり、料理教室の講師をしたりなど多岐に渡っているのですが、これらの〝三位一体〟によるアプローチが、それぞれ有機的なつながりをもって「ロハス」を育んでくれていると言っても過言ではありません。

欲しいものを広げたい！その一心が新たなビジネスになる

04 孤独な経営者にとっての光 コンサルタントという存在

ここまで、読者の皆さんが独自に取り組んでいただくためのヒントとなるような話を紹介してきました。

皆さんは飲食店経営という険しい道へ足を踏み入れようとしている（あるいはすでに踏み入れている）わけですが、たった一人でお店を背負い、戦っていくことはとても孤独なものです。

紹介してきたようなさまざまな局面が皆さんの前に立ちはだかることでしょう。それを乗り越えていかなくてはいけないわけですが、皆さんにお伝えしたいことは、「一人じゃなくても構わない」ということ。

すなわち、「コンサルタント」の方と契約し、経営のアドバイスをいただくという手もあるのです。

コンサルタントは、経営者が行っているビジネスが正しいものかどうかについての答えを出してくれるだけでなく、方向性に迷っていたり安定しない場合にアドバイスを授けてくれるのです。

経営者も人間ですから、判断が必要となるシチュエーションでは、それまでの経験や得てきた知識に頼ってしまう傾向があります。どれだけそれらを身につけていたとしても、自分だけでは見ることができない部分というものが存在します。

そこで、さまざまな経験をされてきたコンサルタントに意見を聞くことで、ビジネスが広がっていったり、経営が安定したりということが起こります。

前節で紹介したように、「サステナブルなビジネス」においては、どれだけ客観的な視点を持てるのかということや、時代の流れを読み解く目などが求められるわけですので、それだけの覚悟を持っているのならば、早い段階でコンサルタントに入ってもらうのもひとつの手段です。

実は、私自身もコンサルタントと契約し、たくさんの指導をいただいてきました。コンサルタントと契約を交わしたのは、ちょうど店舗をリニューアルするタイミングのこと。

当時のお店の集客に悩んでいた私は、片っ端からメールマガジンを登録していました。もちろん、集客を伸ばすことを目的としたものです。その中に、ビジネス書の売り上げランキング1位を取られた方のメルマガがあり、ある日の内容で〝集客アップセミナーを実施する〟という旨が記載されていたのです。

藁をもすがる思いで参加しました。そのセミナーの内容に感銘を受け、終了後に行われた質問会では、その先生の年間契約料についてうかがいました。それまでコンサルタントと契約するという発想すらなかったため、金額の予想もつかなかったのですが、数字を耳にした時には「意外といけるかも」と思い立ち、契約を即断したのです。

コンサルタントの先生は、その後ベストセラーを連発し、あっという間に有名人になってしまったので、おそらく現在はその金額では到底無理なはずなのですが、運とタイミングが良かったと言えるでしょう。

スタッフで話し合って、リニューアル後には蕎麦を展開するということが決まったタイミングでコンサルタントを受けはじめました。その際に取り入れた「フロントエンド」や「バックエンド」のことを考えたメニュー構成などは、コンサルタントの先生から指導を受けたものになります。

私一人ではそこまで考えたメニューにできたかどうか……。はじまりからして、コンサルタントを受けた結果がすぐに現れたので、その後も全幅の信頼のもと、話を聞いてはフィードバックさせていきました。もちろん、リアル店舗の運営だけに限らず、通販事業や代理店事業など、私のビジネスすべてを見ていただきました。

結果的にはトータルで5年間は契約していたことになります。最後のほうはビジネスも安定期に差し掛かっていたので、指導内容はどちらかというと「私自身がコンサルタントになるためのコンサル」ではありましたが。

最後に、コンサルタントを受けたことによる予想外の影響についてお伝えすると、それは「（お店の経営だけでなく）私のメンタルも安定した」ということ。

先にも書きましたが、経営者はプライベートで相談に乗ってくれる人があまりいません。メンターとなって導いてくれる人がいる経営者は、ほとんどいないと思います。それは飲食店オーナーも同様です。スタッフにたくさん囲まれていたとしても、彼らは彼女らは自分と同じだけの責任感を持ってお店のことを考えてくれているわけではありません。契約関係上、それは当然のことなのです。

結果的に、私にとってコンサルタントを受けることは、セラピー的な側面があったということは断言できます。飲食店経営という孤独な日々の中で、常にではないけれども寄り添ってもらえる時間をつくること。悩みを打ち明け、しっかり話を聞いてもらい、改善点を提案してもらえること。それがどれだけお店を続けていくことの重圧を和らげてくれたのか。感謝してもしきれないくらいです。

だからこそ、私はこの本を作ることを思い立ったわけですし、実際に今もかつての私を救うかのように、自分の経験や得てきた知識をもとに飲食店のコンサルタントをしているのです。すべての孤独な経営者をプレッシャーから解放するために。

サステナブルなビジネスは　コンサルタントの力が必要

05 停滞と思考停止を防ぐためにそれぞれのやり方で自分を磨く

フードのブームはいつも予想できません。昨今のタピオカミルクティーのブームも、インスタグラムに写真をアップする〝インスタ映え〟という副次的な要素や、ＬＣＣの浸透による日本から台湾への旅行客の急激な増加による親近感アップなど、さまざまな因子が同時多発的に絡まり合って生まれたものなのです。

そういったものは定期的に生まれているものですが（同時に消えもしていますが）、この10年間においてはヘルシーなフードへの認知はかつてとは様変わりしました。時代を変えるブームは生み出せていなくとも、その存在を知り、日常的に取り入れる人は圧倒的に増えているのです。

私たちのお店のローフードやヴィーガンフードもその流れにあるものです。

２０１４年からはじまり、世間を席巻したスーパーフードのブームは、すっかり定番となって取り入れられています。

そして、２０１９年に入って一気に認知が高まっているワードが「プラントベース」（植物由来食品を中心とした食事法のこと）ではないでしょうか。これらのすべては、「植物性食材」をいかにして摂取するのかという命題と向き合っているのです。

私もそうですが、「食を中心に世の中を変えていきたい」という想いは、ニッチな飲食店を営む誰しもに共通する想いです。世界に目を向けると、ごく自然な流れでその方向に舵を切っているのがわかります。もっと多くの人に求めていただけるように、私たちはお店を続けていく必要があるのです。「サステナブル」な生き方をどれだけ提供していけるのか。

そのためにも、皆さんそれぞれのやり方で自分自身を磨いていっていただきたいのです。あなた自身が成長することを止めたとき、あなたのお店も止まってしまいます。そこは相関関係にあると私は考えているのですが、毎日の業務はその忙しさと作業の多さから、あなたを思考停止状態に陥れてしまうこともあるでしょう。かくいう私にもそれは訪れました。思考停止をいかに防ぐのかは、あなたの心がけと覚悟次第です。

自身の店舗を安定させるためにも、動き回ってください。そのために資格を持つことは大切な武器を増やす手段の一つです。

お客さまは意外とそういうことを気にされていると常日頃から感じています。「どういう資格を持っているのか」であったり、「どういうところで勉強をしたのか」だったり。情報がいつでも検索できるようになった現代、どれだけ極めているかまで一瞬にしてわかるようになっていますから。

とりわけ、飲食店を経営している方で調理師免許を持っていない方には、積極的に取得をおすすめします。調理師免許を持っていなくても調理業務には携わることは可能ですが、調理師と名乗ることはできません。さらには、調理師は社会的に信用の高い国家資格であるため、銀行からの融資を受けやすくなるなどのメリットもあります。

何よりも、飲食店などで調理実務の経験を2年以上積んだ場合は、調理師試験の受験資格を得ることができるのです。学校に通うことなく、調理師国家試験に合格すれば資格を取得可能です。

「いつかはお店を持ちたいけれど、まだ準備に時間がかかってしまう」という方もいらっしゃるでしょう。もし、時間的余裕があり、自宅などを有効活用できそうならば、料理教室やセミナー、ワークショップ、食事会などを開催してみるのもおすすめです。

第3章でも紹介したように、料理教室などを行うことはあなたのファンをつくることにつながっていきます。そういうクローズドな場所で親しくなった人たちは、必ずあなたのことを応援してくださいます。自宅を使った料理教室でも、やがて店舗を出店したときには常連客になってくださいますし、友人を連れてきてくれたりします。

そのためにも、どんなものであれ資格を取得することが大切になってくるのです。

私自身、もともと調理師資格は持っていましたが、カリフォルニアに留学してローフードインストラクターの指導資格を取ってから大きく変わっていきました。

一念発起して資格を取ることで、直面する事態を打破することができるのは、私の体験談が物語っています。逆に言えば、資格ひとつで人生を変えることができるかもしれない。それくらいのものだと私は考えています。あなたの「ミッション・ビジョン・バリュー」を実現させるための手助けとなってくれるのです。

資格を取得することはあなたの武器を増やす手段！

第6章

お客様に選ばれる付加価値をつける Hiro流 20レシピ

お客様が対価を払うメニューには、期待以上の内容が求められるものです。

同時にビジネスの視点からは、安定した材料仕入れ、原価（粗利益）計算、回転率を意識した仕込み、オーダーされてから提供するまでの時間など、さまざまな課題があるものです

最終章では、私が実際に提供してきた極秘レシピを大公開。お客様に付加価値を感じていただける「低糖質」「ローフード」「スーパーフード」といった機能性に加え、生産性までを考えたメニュー作りのヒントとなる20レシピをご用意しました。

ぜひ、お店の看板となるメニュー作りの参考になさってください。

HIRO's COOKING

FOODS

使用する材料を1つだけ工夫するだけ。
世代性別問わず、どんなときも食べたくなる
シンプルなメニューがポイントです。

糖質オフパスタだからカロリーも罪悪感もカット！

低糖質
フレッシュトマトパスタ

材料（1人分）

糖質オフパスタ（市販の低糖質パスタ）	100g
トマト（小）	1個
ミニトマト（赤・黄）	適量
オリーブオイル	小さじ1
塩	少々
ニンニク	1/4片
イタリアンパセリ（トッピング用）	適量

作り方

1. パスタをゆで、お湯を切って水で冷やす
2. トマトをサイコロ状に小さく切る
3. ボウルに1のパスタと2のトマト、オリーブオイル、ニンニク、塩を入れて和える
4. 3をお皿に盛り付け、ミニトマトとイタリアンパセリをトッピングして完成

肉のようだけど肉じゃない！？
不思議な超ヘルシーベジミート野菜炒め！

ベジミート野菜炒め

材料（2人分）

大豆ミート（バラ肉タイプ）……100g
キャベツ……1/4個
ピーマン……1個
パプリカ（赤・黄）……各1/2個
ごま油……大さじ1

【たれ】

みそ……大さじ2
みりん……大さじ2
豆板醤……小さじ1/2
にんにく（すりおろし）……1/4片

作り方

1 大豆ミートをお湯でもどし、お湯を切ってよくしぼる
2 たれの材料をよく混ぜ合わせる
3 ピーマン、パプリカ、キャベツを食べやすい大きさに切る
4 フライパンにごま油を入れて熱し、大豆ミート、ピーマン、パプリカ、キャベツを入れて炒め、最後2のたれを入れて全体にからめて完成

糖質オフなのに美味しいベジ麻婆豆腐は、ダイエット中の味方！

ベジ麻婆豆腐

材料（2人分）

豆腐……200g
大豆ミート（ひき肉タイプ）……30g
生姜（すりおろし）……小さじ1/2
にんにく（すりおろし）……1/2片
水溶き片栗粉……大さじ1
小ねぎ（みじん切り）……5本
えごま油……小さじ1

【たれ】

醤油……小さじ1
ラカント（甘味料）……小さじ1
豆板醤……小さじ1/4
塩……少々
こしょう……少々
水……100ml

作り方

1 豆腐をさいの目切りにする
2 大豆ミートを沸騰したお湯に入れて戻し、お湯を切りしぼる
3 フライパンにえごま油と大豆ミート、生姜、にんにくを入れ2〜3分炒める
4 3にたれの材料をすべて入れ、豆腐を入れて和える
5 4に水溶き片栗粉を入れてとろみをつけ、最後に小ねぎを入れて完成

酵素いっぱいの魔法のごはん！
しっかり食べてもスッキリした
感覚がやみつきになる一品

酵素玄米ボウル

材料（1人分）

玄米（もしくは酵素玄米）	茶碗1杯
納豆	1パック
パプリカ（赤・黄）	各1/4個
オクラ	1本
小ねぎ	適量
みょうが	1/2個
大葉	1枚
生醤油	小さじ1/2

作り方

1. 玄米を炊く（炊いた玄米を3日間保温したまま毎日混ぜながら寝かせると酵素玄米ができます）
2. パプリカと大葉をみじん切りにして、オクラ、みょうが、小ねぎを小口切りにする
3. ボウルに納豆と2の野菜、生醤油を入れてねばりが出るまで和える
4. お茶碗に1の玄米を盛りつけ、その上に2をかけて完成

糖質ゼロそうめんなら
罪悪感もゼロ！
ダイエットが気になる人はコレ！

豆腐そうめん

材料（1人分）

糖質0豆腐麺	1食分
小ねぎ	適量
【出汁つゆ】	
水	300ml
醤油	大さじ1
みりん	小さじ1/2
干しシイタケ	1個
切り干し大根	10g

作り方

1. シイタケと切り干し大根を水で戻す
2. 鍋にシイタケを戻した水と切り干し大根を軽く沸騰させ出汁つゆを作る
3. 2の切り干し大根を取り除き、醤油、みりんで味を調え冷蔵庫で冷やす
4. 小ねぎを小口切りにきざむ
5. 器に豆腐麺と3の出汁つゆを入れ、小ねぎをトッピングして完成

糖質ゼロのこんにゃく冷麺で
しっかり食べてすっきりデトックス！

低糖質トマト麺

材料（1人分）

こんにゃく麺（市販のもの）……2食分
チャービル……適量
【たれ】
完熟トマト（中）……2個
赤パプリカ……1/2個
にんにく（すりおろし）……1/4片
水……100ml
オリーブオイル……小さじ1
レモン汁……小さじ1/2
塩……適量

作り方

1 たれの材料をブレンダーにすべて入れて混ぜ、なめらかになったら塩で味を調える

2 器に1のたれを入れこんにゃく麺を入れてチャービルをトッピングして完成

ストイックに！でも美味しく食べて
痩せたい人にアボカドボウル！

アボカドボウル

材料（1人分）

豆腐（木綿）……200g
キャベツの千切り……100g
アボカド……1/2個
大葉……1枚
きざみ海苔……適量
【たれ】
薄口生醤油……適量
わさび……適量

作り方

1 豆腐とアボカドを、それぞれさいの目切りにする

2 器に1の豆腐を入れ、その上にキャベツの千切り大葉、アボカドの順で盛りつける

3 最後にきざみ海苔をトッピングし、わさび醤油をかけて完成

HIRO's COOKING

SWEETS

単品はもちろん、食後の
デザートでもドリンクと合わせても
食べられるスイーツは、
ひと手間かけてお店ならではの逸品に。

乳製品・砂糖不使用！
自然な甘みでもとっても美味しいアイスです

ローチョコレートアイスクリーム

材料（スフレカップ４個分）

アボカド（大）……………… １個
ローカカオパウダー ………… 大さじ２
ローアガベネクター ………… 大さじ２
生のナッツ（クルミ、アーモンドなど）…… 適量
＊ローアガベネクターはお好みで加えてください。

作り方

1 アボカドの皮をむく
2 フードプロセッサーに1のアボカド、アガベネクター、カカオパウダーを入れ、なめらかになるまでまぜる
3 2をスフレカップに盛り付け、お好みの生のナッツをトッピングして冷凍庫で３時間程度冷やして完成

砂糖・乳製品不使用！
酵素たっぷりの本物の"生"チョコレート！

ローチョコレート

材料（タルト型 18cm）

ローカカオバター……130g
ローカカオパウダー……100g
ローアガベシロップ……100g
バニラエクストラクト……小さじ1

作り方

1 ローカカオバターを包丁で細かくきざみ、ボウルに入れて湯煎で溶かす

2 その後ローカカオパウダーとアガベシロップ、バニラエクストラクトを入れて温度をはかりながら46℃になるまでゆっくり混ぜ合わせる

3 2が46℃になったらボウルを氷水につけて混ぜながら28℃まで温度を下げる

4 3が28℃になったら再度湯煎して混ぜながら33℃まで温める

5 33℃になったら型（モールド）に4でできたチョコレートを流し込む

6 型に入れたチョコレートにナッツやドライフルーツをトッピングして冷蔵庫で冷やして完成

酵素が生きた生のナッツをふんだんに使った
贅沢で食べごたえたっぷりの生タルト

木の実のローチョコレートタルト

材料（タルト型 18cm）

【クラスト】

ドライデーツ	80g
生アーモンド	70g

【フィリング】

生カシューナッツ	160g
ローココナッツオイル	70g
ローアガベネクター	85g
ローカカオパウダー	40g
バニラエクストラクト	小さじ1/2（2.5g）

【トッピング】

アーモンド	35g
カシューナッツ	35g
ピーカンナッツ	35g
クルミ	35g
ピスタチオ	11粒（約6g）

作り方

1 **【浸水する】** アーモンドは約8時間、カシューナッツとデーツは約3時間浸水し水を切る。

2 **【クラストを作る】** アーモンドとデーツをフードプロセッサーで切り刻み、混ぜ合わせたものをタルト皿で作る。

3 **【チョコレートフィリングを作る】** カシューナッツ、ローココナッツオイル、ローアガベネクター、ローカカオパウダー、バニラエクストラクト、塩、水をブレンダーに入れ、滑らかになるまで撹拌する。味見をしながら甘味を調整する。

4 **【キャラメルを作る】** デーツとアガベと水を撹拌する。

5 **【トッピング】** 3のチョコレートフィリングをクラフトに流し込み、キャラメルと混ぜ合わせたアーモンド、カシューナッツ、クルミ、ピーカンナッツ、ピスタチオをトッピングする。

6 **【冷やす】** 冷蔵庫で約3時間冷やす。

7 **【保存する】** 固まったタルトを型から外し、冷凍保存する

生産者から直接仕入れた生カカオを使った
濃厚な生タルト。自分へのご褒美に！

ローチョコレートタルト

材料（タルト型 18cm）

ドライデーツ …… 50g
生アーモンド …… 90g
【フィリング】
生カシューナッツ …… 145g
ローココナッツオイル …… 60g
ローアガベネクター …… 60g
ローカカオパウダー …… 12.5g
バニラエクストラクト …… 小さじ1/2(2.5g)
塩 …… 少々
水 …… 180g

作り方

1 【浸水する】アーモンドは約8時間、カシューナッツとデーツは約3時間浸水し水を切る。

2 【クラストを作る】アーモンドとデーツをフードプロセッサーで切り刻み、混ぜ合わせたものをタルト皿で作る。

3 【ホワイトフィリングを作る】カシューナッツ、ローココナッツオイル、ローアガベネクター、ローカカオパウダー、バニラエクストラクト、塩、水をブレンダーに入れ、滑らかになるまで撹拌する。味見をしながら甘味を調整する。できたフィリングの1/3を取り分けておく。

4 【チョコレートフィリングを作る】3の残りのフィリングにローカカオパウダーを加えて撹拌する。

5 【模様を作る】ホワイトフィリングとチョコレートフィリングを交互にクラストに流し込んで混ぜ、マーブル模様を作る。

6 【冷やす】冷蔵庫で約3時間冷やす。

7 【保存する】固まったタルトを型から外し、冷凍保存する

乳製品を使ってないのにまるで
本物のチーズのような味わいの生タルト！

ローチーズタルト

材料（タルト型 18cm）

【クラスト】

ドライデーツ …… 50g
生アーモンド …… 70g

【フィリング】

生カシューナッツ …… 150g
ローココナッツオイル …… 60g
ローアガベネクター …… 70g
ローカカオパウダー …… 7g
レモン果汁 …… 15g
レモンオイル …… 2滴
水 …… 160g

【トッピング】

クコの実 …… 10粒（約2g）
ピスタチオ …… 1g

作り方

1 【浸水する】アーモンドは約8時間、カシューナッツとデーツは約3時間、ゴジベリーは約1時間浸水し水を切る。

2 【クラストを作る】アーモンドとデーツをフードプロセッサーで切り刻み、混ぜ合わせたものをタルト皿で作る。

3 【ホワイトフィリングを作る】カシューナッツ、ローココナッツオイル、デシケーティッドココナッツ、ローアガベネクター、ローカカオパウダー、レモン果汁、レモンオイル、バニラエクストラクト、水をブレンダーに入れ、滑らかになるまで撹拌する。味見をしながら甘味を調整する。

4 【トッピング】ホワイトフィリングをクラフトに流し込み、ゴジベリーと細かく砕いたピスタチオをトッピングする。

5 【冷やす】冷蔵庫で約3時間冷やす。

6 【保存する】固まったタルトを型から外し、冷凍保存する

ゴジベリー（クコの実）は美肌 UP！
酵素でサイズダウン！いいとこずくめのロータルト！

ローゴジベリータルト

材料（タルト型 18cm）

【クラスト】

ドライデーツ	50g
生アーモンド	85g

【フィリング】

ゴジベリー	10g
生カシューナッツ	135g
ローココナッツオイル	60g
ローアガベネクター	60g
ローカカオパウダー	12.5g
バニラエクストラクト	小さじ1/2(2.5g)
塩	少々
水	180g

【トッピング】

生アーモンド	5g
ゴジベリー	5g
ピスタチオ	1g

作り方

1 【浸水する】アーモンドは約 8 時間、カシューナッツとデーツは約 3 時間、ゴジベリーは 1 時間浸水し水を切る。

2 【クラストを作る】アーモンドとデーツをフードプロセッサーで切り刻み、混ぜ合わせたものをタルト皿で作る。

3 【ホワイトフィリングを作る】ゴジベリー、カシューナッツ、ローココナッツオイル、ローアガベネクター、ローカカオパウダー、バニラエクストラクト、塩、水をブレンダーに入れ、滑らかになるまで撹拌する。味見をしながら甘味を調整する。できたフィリングの 1/3 を取り分けておく。

4 【チョコレートフィリングを作る】3の残りのフィリングにローカカオパウダーを加えて撹拌する。

5 【模様を作る】ホワイトフィリングとチョコレートフィリングを交互にクラストに流し込んで混ぜ、マーブル模様を作る。

6 【トッピング】アーモンド、ゴジベリー、ピスタチオをトッピングする。

7 【冷やす】冷蔵庫で約 3 時間冷やす。

8 【保存する】固まったタルトを型から外し、冷凍保存する

JUICE&SMOOTHIE

どのお店にもある単価の安いメニューではなく、
素材や技術にこだわることで、
ちょっとリッチなスペシャルドリンクを。

綺麗になりたいという方は、
抗酸化パワーの強い
ラズベリーを味方に！

豆乳スムージー

材料（1杯分）

バナナ（中）……1本
豆乳……150ml
ラズベリー……30g

作り方

1 バナナを小さくしてブレンダーに入れる
2 1に豆乳、ラズベリーを順番に入れる
3 2をなめらかになるまでブレンダーで混ぜて完成

＊美白・美肌によいと言われているラズベリーで透明な肌を

地上もっともデトックス効果が高い
ウィートグラスで、血液浄化＆毒素排出！

ウィートグラススムージー

材料（1杯分）

バナナ（中）……1本
ウィートグラスパウダー（小麦若葉）……大さじ1
水……200ml

作り方

1 バナナを小さくしてブレンダーに入れる
2 1に水、ウィートグラスパウダーの順に入れる
3 2をなめらかになるまでブレンダーで混ぜて完成

＊クロロフィルが豊富で血液サラサラ、デトックスに最適

ストレートで搾っただけ！酵素イキイキ
体もイキイキ超スッキリ！

オレンジコールド プレスジュース

材料（1杯分）

オレンジ（大）……………………………… 1個

作り方

1 オレンジの皮をむいて小さく切る
2 低速圧搾ジューサーに入れて絞って完成

＊お肌に元気を与えるビタミンC豊富なクレンズジュース

CHECK!

SMOOTHIE OR COLD PRESSED JUICE?

野菜や果物の食物繊維が豊富なスムージーに対して、低速回転で絞る栄養たっぷりのコールドプレスジュースです。スムージーはミキサーやブレンダーで簡単にできますが、コールドプレスジュースは専用のジューサーが必要です。1杯分のジュースを作るために必要な野菜や果物の量が多く感じるかもしれませんが、食材によっては、パルプ（残った繊維質）を別のメニューに再利用も可能です。

コレステロールや中性脂肪が気になる方にはチアシード！ 満腹感も◎

チアシードキウイスムージー

材料（1 杯分）

キウイフルーツ……1 個
水……100ml
チアシード……小さじ 1

作り方

1 キウイフルーツの皮をむいてブレンダーに入れる

2 1に水を入れてなめらかになるまで混ぜる

3 2にチアシードを入れて全体になじむように軽く混ぜて完成

目やカラダの疲れを感じてきたら、
ベリースムージーで視界スッキリ！

スーパーフード ベリースムージー

材料（1杯分）

バナナ（中）……1本
ブルーベリー……30g
水……150ml

作り方

1 バナナを小さく切ってブレンダーに入れる
2 1にブルーベリーと水を加える
3 2をブレンダーで混ぜてなめらかになったら完成

＊アントシアニンが豊富で目の疲れにやさしいスムージーです

HIRO's COOKING

OTHER DRINK

食事でも摂取しにくいタンパク質やスーパーフード、デトックス効果のある素材を使い機能性ある一杯を

良質のタンパク質摂取で燃焼アップ！
燃焼系ヘルシードリンク！

プロテインフルーツドリンク

材料（1杯分）

バナナ（中）……1本
ヘンププロテイン……小さじ2
カカオパウダー……小さじ1
水……150ml

作り方

1 バナナを小さくしてブレンダーに入れる

2 1に水、ヘンププロテイン、カカオパウダーを順番に入れる

3 2をなめらかになるまでブレンダーで混ぜて完成

＊タンパク質とポリフェノールが効果的に摂取できるエナジースムージーです

デトックスをしたいと思ったときのお茶頼み！どんどん体の外に出ていくのを感じる一杯です

デトックスチャイ

材料（1杯分）

豆乳……100ml
水……100ml
お茶（ノニティー）……1パック
アガベネクター……小さじ1

作り方

1 鍋に豆乳と水を入れて沸かし、ノニティー1パックを入れる

2 1にアガベネクターを入れて味をととのえたら完成

＊利尿効果の高いノニティーでデトックス

EXTRA

Hiroが手がけた
すべてを紹介！

リアル店舗
オンライン通販
取扱い商品
講座の紹介

これまで6章に渡って私のメッセージをお届けしてきました。過去の自分の事例を紹介しながら、いかにして飲食店の不況時代を生き抜いていけばいいのかをわかりやすく皆さんにお届けできたと思います。

最後に紹介するのは、私が飲食店をはじめてからの十数年でさまざまな協力者の皆さんとともにつくりあげてきたものになります。

「リアル店舗」「総代理店として契約した商品」から「オリジナル商品」、それらを販売する「オンライン通販」、そして「スーパーフードやファスティングの講座」まで。

ぜひ皆さんもこれを参考に、独自のフードビジネスを展開していってください。

北海道初の
ローフードカフェ！

CAFE INFO

Hiro プロデュースのカフェ

shop info.

住所：北海道札幌市中央区南2条西7丁目6-1
（地下鉄大通駅から徒歩7分、
市電西8丁目駅から徒歩3分）
TEL：011-222-5569
営業時間：11:00〜19:30
定休日：なし（年末年始を除く）
ホームページ：https://rawfoodlohas.com

INFO.

NATURAL & RAWFOOD LOHAS
自然食&ローフード　ロハス

本書に登場する著者 Hiro が創業した
ローフードと十割蕎麦のベジタリアンレストラン

酵素が破壊されないよう、加熱せず調理された料理を提供するローフードカフェ。できるかぎりオーガニックの食材を使用し、化学肥料・農薬不使用の自家製麺の石臼挽き十割蕎麦や乳製品・砂糖不使用・非加熱のロースイーツなど豊富なメニューを揃える。ベジタリアンやヴィーガン、グルテンフリーにも対応。店内では、無添加の生ナッツ類、ドライフルーツ・ローチョコレートなども販売。

＼あなたのレストラン＆ショップの
メニューの幅を広げる！／

KITCHENWARE

• おすすめの調理器具 •

KITCHEN WARE 01

オーブン＆
ディハイドレーター
ドライフードエアー
（第3世代）

KITCHEN WARE 02

トースター＆
ディハイドレーター
ドライフードエアートースター

NEW!

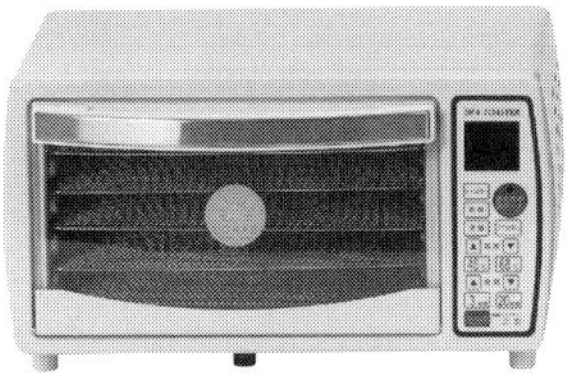

酵素を生かして低温乾燥できる
ディハイドレーターとオーブンやトースター機能を搭載した
Hiro 監修多機能調理器

ローフード（乾燥野菜、ドライフルーツ、ジャーキーなど）のほか、オーブン / トースター機能搭載。簡単に操作ができるデジタルパネルを採用し、指１本で機能切り替え・温度設定・タイマー設定機能がより簡単に。従来のディハイドレーターに比べ、消費電力を 1/2 に削減。電磁波も大幅カットできる安全設計。

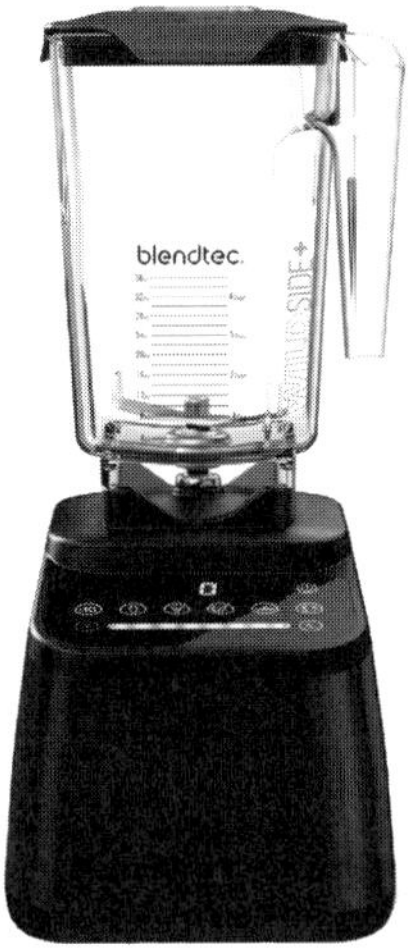

KITCHEN WARE 03

ブレンダー
brendtec

スムージーやスープ作りの必需品
固い繊維質の野菜から氷まで
パワフルに粉砕&撹拌

高性能ブレンダー / ミキサー blendtec（ブレンドテック）は、パワフルなモーターを搭載。プリセットされた運転サイクルで、スムージーやミックスジュース、ホットスープが簡単に調理可能。ジャー部分には、透明性・耐薬品性・強靭性・成形性・耐熱性を兼ね備えたポリエステル樹脂トライタンを採用。

KITCHEN WARE 04

全自動発芽玄米炊飯器
cuckoo new 圧力名人

発芽玄米&酵素玄米がこの１台で簡単に！
全自動発芽玄米炊飯機能ほか、多彩な圧力調理機能や
パン発酵 & 焼成機能など、16 通りの機能を搭載

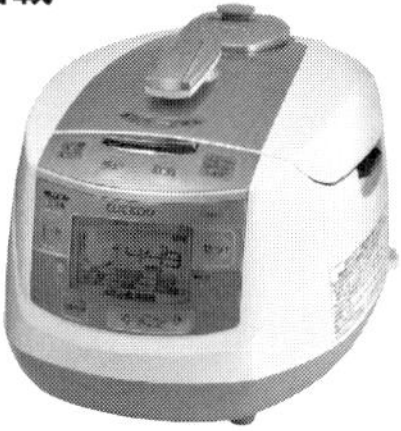

炊いた玄米を寝かせる (保温する) ことで、玄米の糖質に小豆のタンパクやアミノ酸が反応（メイラード反応)、旨味をさらに強く、モチモチ食感の食べやすい玄米に。ステンレス&チタンの外釜が、加圧スチームと沸騰加熱によりふっくら白米のような食感と香ばしい玄米ごはんを炊飯。

ご紹介している調理器具は、
次ページでご紹介している通販ショップ LOHAS で購入できます！

＼ スーパーフードやローフードの 食材を揃えたい人に！ ／

ONLINE SHOP

• 通販ショップLOHAS •

ローフード、スーパーフード、オーガニック食材の通販ショップ

LOHAS ロハス

ローフード通販ショップ LOHAS は、ローフード食材やスーパーフードなどのオーガニック食材と調理器具（キッチングッズ）の専門店。
酵素や栄養を多く含んだローフード・スーパーフード・ドライフルーツなどを通信販売、御販売しています。

カカオ

スプラウトシード

スーパーフード パウダー

ナッツ

ココナッツオイル

https://www.rawfood-lohas.com/

＼ スーパーフードをはじめとする
健康的な食の知識を身につけたい人に！ ／

COURSE INFO

• 専門的な講座・資格 •

もっと専門的な知識を
身につけたい人に

スーパーフードセラピスト資格
ファスティング講座

スーパーフードを活用したファスティングプログラム、
スムージーの作り方などを他の人に教えたりアドバイスすることができる
レベルの資格が「スーパーフードセラピスト」です。
必要な知識と技術を学び、自宅やサロン等でファステイング講座を
開催できるレベルを目指し勉強します。

- ☑ スーパーフードに興味がある
- ☑ 基礎となる理論を勉強したい
- ☑ 講師として活動したい、さらなる知識をつけたい

スーパーフードセラピスト資格受講会場は全国で開催しています。
開催場所、開催日時は日本ローフード協会のホームページよりご確認ください。

お申込み・詳細は

一般社団法人 日本ローフード協会
https://rawfood-japan.org
メール：info@rawfood-japan.org

おわりに

フードビジネスをはじめる人に捧げる

これまで私は様々な書籍を作ってきました。

ただ、それらはすべて「ローフードがもっと身近なものになってほしい。一人でも多くの人にローフードを食べてもらいたい」という想いのもと作られた書籍たちであり、ローフードシェフとしての土門大幸について特化したレシピ本中心だったと言えます。

その一方で、「10年以上に渡って飲食店を経営してきた経験をまとめた書籍を作りたい」ということも考えるようになりました。それも、フードビジネスをはじめたばかりの人や、これからはじめようとしている人の悩みを解決するための本です。

私が飲食店をはじめた当初は、現在のようにＳＮＳが当たり前のように普及していたわけでもなく、ゆるやかなつながりによって支えられたり励まされたりするということもない状況でした。

本書でもたびたび言及していますが、「経営するお店が窮地に陥り、そこからなんとか立て直した私の経験」を伝えたい。

さまざまな失敗談をもとに、そこから具体的なノウハウを知ってもらいたい。メディアとのつながり方や集客方法に至るまで、持てるものすべてを届けたい。

それらが凝縮して作られたものが、まさに本書であるというわけです。とりわけ、私と同じようにニッチなフードジャンルのお店を持ちたいと考える人には私の体験談は役に立つと思います。

観光立国・日本の未来へ向けて

日本の飲食業界においては、まだまだジャンクフードがその中心であると言えるでしょう。だからこそ、本当に健康に役立つお店が一店舗でも増えていくことを私は心から願っているのです。

それには、私の長年の経験が実感としてあります。北海道も観光地として人気になり、年々訪問される外国人観光客が増えています。平成29年度の北海道への外国人来道者数は、過去最多の２７９万人（前年度比で21・3％も増加）となっており、これは日本全体の訪日外国人旅行者総数の約10％を占めているのです。３００万人の達成は確実、将来的には５００万人という前人未到の数字の実現を目標に、官民が連携して取り組んでいます。

もちろん、私たちもその夢の実現に向けて歩みを揃えていきたいと思っていますが、それ以上に外国人観光客からのリアルな声も私たちのもとに届けられています。それは、札幌に来られる外国のお客さまの多くが、わざわざ私たちのお店を探して来ていただいているのですが、その理由というのも「ベジタリアンが食べるところがないから」なのです。悩んだ結果、さながら駆け込み寺のように皆さん来店されています。

他にもアスリートの外国人が来店されることも多いです。とりわけウインタースポーツの選手。彼らは食事をオーガニックで徹底しているのですが、それを食べる場所も札幌にはほとんどないのです。日本はオーガニック後進国であることを如実に物語っています。

2020年7月から8月にかけて行われる東京オリンピック・パラリンピックでは、世界中からベジタリアンの方が来日されることが予想されています。選手だけでなく観光客の皆さんも。そういう方々が食べるものに苦労するということは、「おもてなし」を謳って招致したことに対して本末転倒となるわけです。

そうでなくとも、海外からの観光客は右肩上がりで急増しているわけですので、これからはインバウンド対策としても、ニッチなフードジャンルの飲食店は需要が高まっていくのは間違いありません。

海外から日本に来てくださったお客さまが、安心・安全なものをおいしく食べられるという文化が定着する日が来てほしいですし、そのためにも日本のお客さまに料理を味わっていただき、健康になってもらうための一助になることを続けていく必要があります。

それは一朝一夕で実現できるものではなく、お店を一日でも長く続ける必要があります。そのエリアに定着し、そこに欠かせないお馴染みのお店になること。お店を目当てにわざわざ遠方からも来店していただくお店をつくること。

そのために、私が持っている知識やノウハウ、そして経験のすべてをこの本に注ぎ込みました。みなさんにとって理想のお店をつくり、経営するためのヒントを見つけることができて、飲食店を続けていくための覚悟を持っていただくことができたなら、こんなにも嬉しいことはありません。

令和元年8月31日
北の大地北海道にて
土門大幸

土門大幸

HIROYUKI DOMON

一般社団法人日本ローフード協会代表理事
アースゲートインターナショナル株式会社代表取締役
ゼンノアジャパン株式会社代表取締役
ローフードシェフ、自然食&ローフード ロハス創設者

新聞社、教育機関、大手外資系食品会社を経て書籍『フィット・フォー・ライフ』に出会い食の大切さを学び、アメリカの Living Light Culinary Art Instituteで公認ローフードシェフ&インストラクター資格を取得。著書に『まるごとそのまま野菜を食べようRAW FOOD RECIPE』『RAW FOOD & BEAUTY FOOD RECIPE 60』『無理せず理想のボディメイクを目指すSUPERFOOD FASTING DIARY』（いずれも小社刊）など多数。

繁盛する飲食店をつくる
魔法の仕組み

初版発行　2019年９月18日

著者　土門大幸

編集　星山エリ
デザイン　株式会社ACQUA
レシピ撮影　八幡宏
カバー＆
本文イラスト　カギタニサチ

発行者　吉良さおり
発行所　キラジェンヌ株式会社
〒151-0073 東京都渋谷区笹塚3-19-2　青田ビル2F
TEL　03-5371-0041／FAX　03-5371-0051
印刷・製本　モリモト印刷株式会社

ISBN978-4-906913-90-9　C0077
